Ratgeber für Eltern, Großeltern, Erzieher, die ih
Kindern oder Enkeln das Schwimmen beibringen

C000162733

Hans Schwimmmeister

Anders

Schwimmen

Lernen

Der Weg, das Schwimmen zu einem tollen Hobby zu machen
mit extra Tipps für das Schwimmen mit Behinderungen,
bei Verhaltensproblemen, Wasserangst, ADHS und vieles mehr –
auch für erwachsene Nichtschwimmer

Danksagung

Dies ist das erste Mal, dass ich ein Buch veröffentliche. Nach einigen Recherchen und dem Kontaktieren verschiedener Verlage bin ich auf den Verlag tredition gestoßen.

Die Mitarbeiter waren freundlich und haben mir sehr gut geholfen mit Tipps und Ratschlägen, worauf ich bei meinem Buch achten sollte. Auch haben sie mir Kontakte zu drei Lektoren vermittelt.

Dabei hob sich besonders eine hervor, bei der ich gleich das Gefühl hatte, dass sie nicht nur aufs dicke Geld aus ist, sondern das Herz für ihre Arbeit an der richtigen Stelle hat. Sie hat mich von Anfang an sehr gut beraten, und ich hatte sehr schnell Vertrauen zu ihr. Sie hat mich auf dem Weg bis zur Veröffentlichung begleitet und mir viele gute Anregungen gegeben.

Natürlich hat sie nach meinem Ermessen auch sehr gute Arbeit als Lektorin geleistet, wobei auch das Preis-Leistungs-Verhältnis stimmte.

Ich möchte mich deshalb bei tredition und den sehr kompetenten Mitarbeitern sowie bei meiner Lektorin, Angelika Fleckenstein, recht herzlich für ihre Hilfe bedanken.

Hans Schwimmmeister

Impressum:
© 2020 Hans Schwimmmeister

Illustrationen und Bilder: Hans Schwimmmeister
Korrektorat, Satz u. Buchumschlag: Angelika Fleckenstein, Spotsrock

Verlag und Druck:
tredition GmbH
Halenreie 40–44
22359 Hamburg

ISBN
978-3-347-04081-6 (Paperback)
978-3-347-04082-3 (Hardcover)
978-3-347-04083-0 (e-Book)

Bibliografische Information der Deutschen Nationalbibliothek: Die Deutsche Nationalbibliothek verzeichnet diese Publikation in der Deutschen Nationalbibliografie; detaillierte bibliografische Daten sind im Internet über http://dnb.d-nb.de abrufbar.

Das ist ein Ratgeber für Eltern, Großeltern, Erzieher u. a., die Kindern oder Enkeln das Schwimmen beibringen wollen. In diesem Buch werden auch Tipps gegeben für Kinder, die durch ADHS oder andere Verhaltensstörungen eine etwas andere Lernmethode benötigen.

Das Buch eignet sich auch für Profis, die sich vielfältiger orientieren möchten, und die offen sind für andere Methoden, die ihnen einige neue Erfahrungen vermitteln.

Die Anregungen und Tipps empfehlen sich auch für Menschen mit Behinderungen und Erwachsene mit Wasserangst.

Das Buch enthält

- Tipps, die Ihnen helfen werden, Ihrem Kind das Schwimmen auf eine Weise beizubringen, dass es nicht überfordert wird und das Schwimmen als eine angenehme Art der Entspannung sieht.
- Es erklärt, wie sich die Kräfte des Wassers auf unseren Körper auswirken und wie man sie optimal nutzen kann, um ohne große Anstrengung schwimmen zu können, und wie wichtig es ist, dass man zunächst lernt, sich selbst über Wasser zu halten, bevor man die Technik des Schwimmens beherrscht.
- Es zeigt, wie man Wasserangst spielend überwinden kann dadurch, dass man verstehen lernt, was im Wasser passiert und dabei nicht zu viel von den Schülern verlangt.
  In kleinen Schritten lernt es sich besser!
- Es leitet dazu an, wie man das Lernen kindgerecht und auch für Erwachsene gestaltet.
- Es hilft, Techniken zu erlernen, die nicht nur effektiv sind, sondern auch noch Freude bereiten.
- Es gibt Anregungen, einen Weg zu finden, der es mit Spaß möglich macht, jedem Menschen dabei zu helfen, sich sicher im Wasser fortzubewegen.
- Das Buch hilft Ihnen, den richtigen Weg zu finden, auch ängstlichen Kindern und Kindern mit Verhaltensstörungen das Schwimmen beizubringen.
- Sie finden auch wertvolle Informationen über das Schwimmen mit körperlichen Behinderungen.
- Auch wie man Kinder mit ADHS oder anderen Verhaltungsproblemen das Schwimmen so beibringen kann, dass sie Freude daran haben, erfahren Sie in diesem Ratgeber.
- Des weiteren finden Sie Tipps über Hilfsmittel und das Schnorcheln.

Und das alles unter dem Motto: ***Schwimmunterricht muss Freude bereiten.***

Menschen, die keine Geduld haben, sollten sich jemanden suchen, der diese hat. Das Lernen muss dem Kind entsprechend angepasst werden, denn jedes Kind ist und lernt anders. Während des Lernens kann ein Kind nichts falsch machen.
Alle beschriebenen Übungen, können auch von den Erwachsenen, die schwimmen lernen wollen, angewendet werden.

So war es einmal:

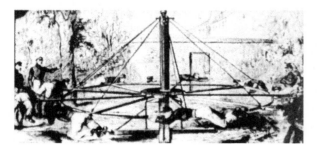

Einleitung:

Wenn ich „er" schreibe, meine ich natürlich auch „sie". Man sollte die Damen nicht unterschätzen. Wenn ich „Kind" schreibe, trifft das meist auch auf erwachsene Schüler zu.

Es gibt viele Möglichkeiten, schwimmen zu lernen. Wir sind schon Jahrzehnte damit beschäftigt, Methoden zu entwickeln, die dabei helfen sollen. Früher gab es Methoden, die heute keine Anwendung mehr finden. Leider gibt es immer noch Menschen, die behaupten, es hätte ihnen nicht geschadet, dass man sie einfach ins Wasser geworfen hat. Die Zahl derer, die dadurch Wasser- oder Tiefenangst bekommen haben, sind unfassbar hoch. Manche Methoden, mit denen versucht wurde, so vielen Kinder wie möglich gleichzeitig das Schwimmen beizubringen, waren nicht kind- und menschenfreundlich. Wenn ich „kinderfreundlich" schreibe, meine ich selbstverständlich immer auch menschenfreundlich, weil die meisten Tipps auch auf Erwachsene zutreffen.

Viele Hilfsmittel von einst haben dafür gesorgt, dass Menschen heute noch ein Trauma oder sogar eine Phobie haben, die sie daran hindern, ins Schwimmbad zu gehen oder Schwimmstunden zu nehmen. Gerade Eltern und Großeltern leiden dann sehr darunter.

Leider habe ich den Eindruck, dass es heutzutage noch immer Schwimmmeister oder -lehrer gibt, die mit veralteten Lernmethoden arbeiten und zu großen Druck auf die Kinder ausüben. Nicht selten lassen sie sich auch vom Druck vieler Eltern leiten, die verständlicherweise wollen, dass ihre Kinder so früh und so schnell wie möglich schwimmen lernen.

Hier wäre es angebracht, wenn die Fachkräfte sich Zeit nähmen, den Eltern zu erklären, dass man manches erst lernen kann, wenn die Motorik des Kindes sich so weit entwickelt hat, dass es dieses auch umsetzen kann. Wenn man das Kind zwingt, Techniken zu lernen, die es motorisch nicht umsetzen kann, besteht die Möglichkeit, dass das Kind nicht nur Selbstvertrauen verliert, sondern sogar Wasserangst oder eine Phobie entwickelt. Das ist sicher nicht das, was die Eltern wollen. Darum ist die Aufklärung durch eine Fachkraft sehr wichtig.
Eltern sollten darauf achten, dass die Fachkräfte die Kinder nicht überfordern.
In diesem Buch möchte ich den Eltern dann auch so viel Wissen mitgeben, das sie in die Lage versetzt, dieses auch zu erkennen.

Liebe Kollegen und Fachleute,

ich bin mir bewusst, das manche meiner Theorien bei Kollegen Fragen aufwerfen werden. Auch weiß ich, dass nicht jeder Kollege meine Meinung teilen wird. Viele Wege führen nach Rom. Meiner verläuft vielleicht etwas anders als Ihrer.
Bei allem ist mir Folgendes wichtig: dass Kinder und Erwachsene ihren Aufenthalt im Wasser genießen können und auf spielerische Art und Weise das Schwimmen erlernen.
Die Methoden sind so gewählt, dass man sich mit so wenig Kraftaufwand wie möglich fortbewegen kann. Nichts aus diesem Buch ist als Kritik gegen andere Methoden gedacht. Jede Methode ist mir lieb, wenn sie Menschen hilft, gerne im Wasser zu sein, und die Lernenden jede Unterrichtsstunde genießen können. Nur so werden sie ihr Leben lang Freude am Schwimmen haben und auch im Alter noch ihren Körper im Wasser fit halten.

Wie lese ich dieses Buch?

Ich denke, dass es sinnvoll ist, erst mal das ganze Buch zu lesen, ehe Sie mit den Schwimmstunden anfangen.
Danach können Sie immer wieder zurückgreifen auf die Inhalte, die Sie gerade behandeln möchten.
Es macht auch Sinn, wenn Sie sich im Internet einige Videos über die verschiedenen Schwimmtechniken ansehen. Dabei gilt es aber zu beachten, dass diese abweichen können von denen, die ich hier beschreibe. Es sind natürlich noch Videos im Umlauf, in denen die Bewegungen nicht so schonend gezeigt

werden wie ich sie in diesem Buch erkläre. Die Basis der Bewegung ist aber oft gut zu erkennen. Mir liegt es am Herzen, dass Sie sich und Ihre Kinder nicht unnötig belasten durch Bewegungen, die dem Körper schaden könnten. Auf meiner Website www.hans-schwimmmeister.de habe ich einige Videos für Sie ausgesucht, die Ihnen helfen können.

Erklären Sie Ihrem Kind mit den Grafiken, wie etwas funktioniert und was Sie in der nächsten Schwimmstunde mit ihm üben möchten.

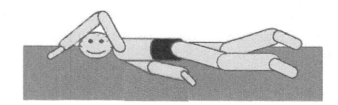

Viel Spaß beim Lesen.

Die Eigenschaften von Wasser und wie wir sie nutzen können

Wie wir in der Schule gelernt, aber vielleicht wieder vergessen haben, verfügen wir über ein spezifisches Gewicht. Bei Wasser sind das 1.000 kg/m³.

Unser Körper ist im Allgemeinen bei normaler Atmung etwas leichter als Wasser. Dadurch können die meisten Menschen treiben. Man darf aber nicht vergessen, dass es immer wieder Ausnahmen gibt, die den physikalischen Gesetzen entgegenwirken. Da ich dieses Buch so schreiben möchte, dass jeder es verstehen kann, werde ich versuchen, technische Begriffe so weit als möglich zu vermeiden. Wo es sich nicht vermeiden lässt, werde ich es verständlich erklären.

Das von Archimedes vor 2000 Jahren entdeckte Prinzip kann ich hier nicht außer Acht lassen, da es sehr viel mit dem Auftrieb unseres Körpers zu tun hat. Es besagt:

„Der statische Auftrieb eines Körpers in einem Medium ist genauso groß wie die Gewichtskraft des vom Körper verdrängten Mediums."

Das bedeutet, dass ein Körper, den man ins Wasser legt, und der einen Liter Wasser verdrängt, einen Gegendruck von einem Kilo hat. Also mit einem Kilo hochgedrückt wird.

Durch die dadurch entstandene Wasserverdrängung, können selbst Schiffe, die viel schwerer sind als Wasser, auf seiner Oberfläche treiben. Andernfalls würden die meisten Schiffe gleich sinken. Ebenso verdrängt auch unser Körper das Wasser, was uns befähigt, den Auftrieb zu erfahren.

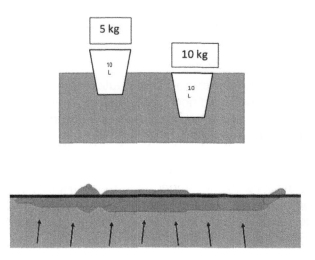

Zum Beispiel:

Nehmen Sie einen leeren 10-Liter-Eimer und drücken Sie ihn mit dem Boden nach unten ins Wasser. Je tiefer sie ihn drücken, umso schwerer wird es. Wenn er zur Hälfte unter Wasser ist, müssen Sie schon 5 kg Druck ausüben. Und ehe das Wasser über den Rand in den Eimer laufen kann, müssen Sie bereits 10 kg Druck ausüben.

Da unser Körper im Allgemeinen etwas leichter ist als Wasser, bleibt ein Teil unseres Körpers über Wasser. In den meisten Fällen kann man bei normaler Atmung das Gesicht stets über Wasser halten. Wichtig ist, dass man nicht zu tief ausatmet.

Am besten probiert man, 2 Drittel der Luft in den Lungen zu behalten und 1 Drittel bei jeder Atmung zu erneuern. Das reicht aus, um genug Sauerstoff ins Blut aufzunehmen. Da man sich beim einfachen Treiben auf dem Wasser und normalem Schwimmen nicht so anstrengen muss, kann man diese Atemtechnik nutzen.

Die hier beschriebene Atemtechnik ist vor allem im Lernprozess von Vorteil. Sie werden aber später feststellen, dass – wenn Sie einmal schwimmen können – Sie sich automatisch die Atemtechnik angewöhnen, die am besten zu Ihnen passt.

Atmung und WASSERANGST

Viele Menschen unterschätzen sich und die Möglichkeit ihrer Atmung. Vor allem Menschen mit Wasserangst haben oft das Gefühl, den Atem nicht lange genug anhalten zu können, wenn sie unter Wasser gehen. Wurde man als Kind z. B. ins tiefe Wasser geworfen, ist hineingefallen oder wurde durch andere unvorbereitet unter Wasser gedrückt, ist das oft die Ursache dieser Angst. Als ungeübter Schwimmer oder gar Nichtschwimmer ist man sich noch nicht bewusst, dass der Körper viele Reserven hat, die uns helfen, in schwierigen Situationen zu überleben.

Früher, und leider manchmal noch heute, haben Kollegen dafür gesorgt, dass ein ohnehin ängstliches Kind noch größere Ängste entwickelt. Zum einen, indem sie die Kinder aggressiv angingen und zum anderen, indem sie Hilfsmittel, wie beispielsweise einen Rettungshaken, der beim bloßen Anblick Angst einflößt, einsetzten. Geht ein Kind nur noch weinend zum Schwimmunterricht, sollten bei den Eltern die Alarmglocken läuten. Sie sollten den Schwimmstunden dann beiwohnen, um zu sehen, wie mit ihrem Kind umgegangen wird. Hören Sie auf Ihr Kind. Die Zeit des Schweigens ist heutzutage vorbei. Kinder übertreiben zwar manchmal und haben eine rege Fantasie, aber oft steckt die Wahrheit zwischen den Sätzen. Darauf sollten Eltern achten.

Manchmal lohnt es sich, zu beobachten, ob die Lehrer pädagogisch verantwortungsvoll reagieren. Ein schreiender Erwachsener, der den Kindern Angst macht, gehört sicher nicht in den Bereich der Ausbilder.

Motivation des Kindes

Ein guter Lehrer geht zunächst davon aus, dass das Kind lernwillig und motiviert ist. Wenn das Kind seine Anweisungen nicht versteht, sucht er einen anderen Weg, um diese begreiflich zu machen. Ein motivierter Pädagoge wird sich selbst immer fragen: „Was mache *ich* falsch, dass dieses Kind mich nicht versteht?" Er wird analysieren, ob das Kind besser lernt, wenn es mehr auditive, visuelle oder motorische Unterstützung erhält. Jedes Kind lernt anders. Das zu erkennen, ist Sache eines guten Pädagogen.

Ein Schwimmlehrer sollte nie sagen: „Das machst du falsch." Vor allem bei Kindern mit Lernproblemen, die sowieso schon viel mehr Energie benötigen, um zu verstehen, geht das Selbstvertrauen dann schnell in den Keller.

Wie kann ein Kind etwas falsch machen, was es noch lernen muss? Man kann es motivieren durch konstruktive Kritik, z. B.: „Das machst du gut, aber schau, wenn du es so und so machst, geht es besser, schneller ..."

Zurück zur Atmung

Wie oben schon erwähnt, kann man den Atem viel länger anhalten, als man denkt. Und das sogar dann, wenn man ausgeatmet hat. Taucher lernen das beispielsweise deshalb, weil sie ja erst bemerken, dass sie keinen Sauerstoff mehr bekommen, nachdem sie ausgeatmet haben und dann wieder einatmen wollen. Im Notfall muss ein solcher Taucher – und er ist dann hoffentlich nicht allein – zu einem Partner schwimmen, um sich mit ihm dessen Sauerstoffvorrat zu teilen, bis sie an die Oberfläche kommen.

Auf welche Weise kann man nun feststellen, wie lange man den Atem anhalten kann? Das sollte man erst mal auf dem Trockenen üben.

Man beginnt einfach mit Einatmen und hält so lange wie möglich die Luft an. Danach versucht man, so lange wie möglich *aus*zuatmen. Und nach dieser Ausatmung versucht man wiederum, so lange wie möglich die Luft anzuhalten.

Man kann es ein paarmal wiederholen, bis man es schafft, mehr als 20 Sekunden den Atem anzuhalten bzw. über 20 Sekunden nach dem Ausatmen die Luft anzuhalten. In der nächsten Stufe kann man das direkt kombinieren. Man atmet ein, hält so lange man kann, den Atem an. Danach atmet man aus (am besten in mehreren kleinen Stößen) und hält dann sofort den Atem wieder an.

Sie werden sich wundern, wie lange Sie so hintereinander die Luft anhalten können. Viele Menschen schaffen es schon schnell, mehr als 45 Sekunden den Atem anzuhalten. Nicht selten sogar länger als eine Minute.
Mit ein bisschen Übung schaffen das sogar Kinder ab 5 Jahre bis zu 30 Sekunden und länger.

Die Lungen als Schwimmflügel

Man sollte den Kindern erklären, dass die Lungen ihre *eingebauten Schwimmflügel* sind. Wenn man richtig einatmet und die Lungen voll sind, kann man nur mühsam unter Wasser tauchen.

Ich demonstriere Schwimmschülern das, indem ich meinen Atem anhalte und mich dann einrolle wie ein Ball. Auf diese Weise treibe ich an der Oberfläche, und die Kinder dürfen mich hin und her schubsen und unter Wasser drücken. Sie stellen fest, dass ich treibe und gleich wieder hochkomme, wenn sie mich unter Wasser drücken. Ich erkläre ihnen: „Seht ihr, das Wasser ist mein Freund und drückt mich direkt wieder hoch. Das ist auch bei euch so …" Dann zeige ich ihnen, wie ich mit dem Kopf unter Wasser bäuchlings an der Oberfläche treiben kann. Dazu strecke ich meine Arme über den Kopf und mache die Beine lang (Toter Mann).

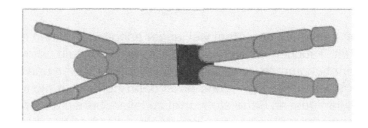

Sobald ich den Kopf anhebe, sehen die Kinder, dass meine Beine sofort absinken. Ich erkläre ihnen, dass sie erst richtig treiben, wenn der schwere Kopf unter Wasser bleibt. Er wird durch das Wasser getragen. Spreizt man Arme und Beine dabei leicht ab, liegt man stabiler im Wasser.

Wenn die Kinder mit dem Kopf im Wasser wie ein Hund schwimmen, und sie machen das 30 Sekunden, dann schaffen sie spielend einen Abstand von 4 bis 6 Meter oder mehr zu überwinden. Das heißt im Klartext, dass sie, auch wenn sie noch nicht richtig schwimmen können, schon in der Lage wären, sich über eine Distanz von minimal 4 Meter an ein Ufer zu retten. Da man meistens in der Nähe des Ufers ins Wasser fällt, hilft das den Kindern, sich ggf. selbst zu retten. Wenn sie dabei den Kopf unter Wasser halten, erhalten sie mehr Auftrieb und schwimmen schneller.

Aber da ist ja noch das Problem mit den Augen

Wir haben oft Angst, die Augen unter Wasser zu öffnen. Klar, das ist gewöhnungsbedürftig. Wenn man im Chlorwasser mal die Augen aufgemacht hat, weiß man, dass das am Anfang nicht angenehm ist. Das ist aber auch im offenen Wasser so; und in der See mit Salzwasser ist es noch schlimmer.

Kinder sagen mir oft, dass es in ihren Augen sticht, wenn sie sie unter Wasser öffnen. Ich erkläre ihnen dann, dass es im Wasser keine Nadeln gibt, die stechen können, und beschreibe ihnen, wie ihre Augen unter Wasser reagieren.

„Deinen Augen geht es im Wasser genauso, als würdest du am Morgen nach dem Hochziehen der Rollladen in die Sonne schauen. Die Augen müssen sich an die neue Situation gewöhnen. Das kann etwa 2 Minuten dauern. Danach haben sich die Augen ans Wasser gewöhnt, und du kannst ziemlich gut unter Wasser sehen. Dass es ein wenig verschwommen ist, kommt daher, dass das Wasser sich wie eine Linse über die Augen legt. Du hast dadurch den Eindruck, eine falsche Brille zu tragen."

Also: Unter Wasser Augen auf!

Nicht Blinzeln

Wenn man die Augen nicht direkt ganz weit aufmacht und stattdessen etwas blinzelt, weil es unangenehm ist, rollen die Wassertropfen zwischen den Augenliedern hin und her und verursachen ein noch unangenehmeres Gefühl. Am besten hält man schon von Anfang an die Augen weit offen.

Nach einiger Übung hat man schon innerhalb weniger Sekunden den vollen Überblick. Das Allerwichtigste dabei ist, das es sehr viel Selbstvertrauen gibt, wenn man es einmal kann.

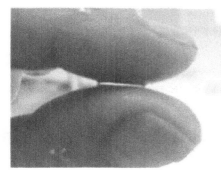

Als Übung lasse ich die Kinder unter Wasser meine Hand sehen und strecke immer verschieden viele Finger aus. Die Kinder müssen dann sagen, wie viele Finger sie sehen. Das macht den Kindern Spaß.

Eine Taucherbrille hilft, um unter Wasser scharf zu sehen. Aber man sollte zunächst lernen, ohne Brille zu tauchen. Wenn man mal unverhofft ins Wasser fällt, hat man ja auch keine Taucherbrille zur Hand. Dann ist es wichtig, nicht in Panik zu geraten, und sich auch unter Wasser orientieren zu können.

Eine Taucherbrille ist eine schöne Belohnung, wenn das Kind sein Seepferdchen gemacht hat. Aber es sollte nur eine sogenannte Chlorbrille ohne Nasenteil sein. Die richtige Taucherbrille, mit Nasenteil und Schnorchel, sollte erst als Belohnung für das Jugendschwimmabzeichen in Bronze eingesetzt werden.

Schnorchel gibt's in verschiedenen Größen, mit stärkerem Durchmesser für Erwachsene und dünnerem für Kinder.

Chlorbrille

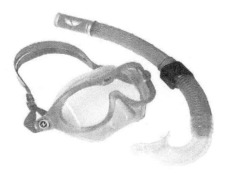

Taucherbrille m. Schnorchel

ACHTUNG: Es braucht schon etwas Übung, um mit Brille und Schnorchel schwimmen zu können!

Ich werde am Ende des Buches eine Beilage mit Tipps schreiben, wie man mit diesen und anderen Hilfsmitteln umzugehen hat. Damit sollte man die Kinder am Anfang auch nicht alleine lassen.

Eine Taucherbrille kauft man nicht im Internet oder Spielwarengeschäft, sondern im Fachhandel, wo man die Brille anprobieren kann. Es ist wichtig, dass die Brille sich schon festsaugt, wenn noch kein Bändchen sie unterstützt. Bei der Brille mit Nasenteil, kann man das einfach testen, indem man sie mittels Inhalation durch die Nase ansaugt. Dann muss die Brille schon fest auf dem Gesicht *kleben*. Sie darf nicht abfallen.

Die Theorie vom Treiben

Oben haben wir schon gelernt, dass es eine Kraft gibt, die uns über Wasser hält. Jetzt wollen wir uns das mal näher ansehen bezüglich der verschiedenen Körper, die wir alle haben. Es ist ja gut, dass wir alle über einen individuellen Körperbau verfügen. Das macht das Leben interessanter. Für den motivierten Schwimmlehrer, der nie auslernt, ist das eine Herausforderung. Für die, die gerne hätten, das wir die Nase alle in dieselbe Richtung stecken, ist es eher lästig.

Es gibt schon Unterschiede zwischen Mann und Frau, aber auch bei Kindern und nicht zuletzt bei Menschen mit körperlichen Behinderungen. So liegt der Schwerpunkt im Allgemeinen beim Mann tiefer als bei der Frau.

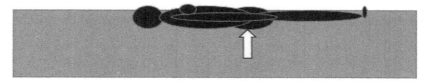

Der Schwerpunkt liegt bei der Frau in der Mitte. Der Druck wird gleichmäßig verteilt durch breitere Hüften und leichtere Beinknochen. Der Körper bleibt horizontal während des Treibens.

Der Mann hat schwerere Knochen in den Beinen und weniger leichteres Fett an den Hüften. Dadurch liegt bei ihm der Schwerpunkt tiefer, und er sinkt mit den Beinen zum Boden.

Das gilt auch oft für junge Mädchen, die ihre körperliche Entwicklung zur erwachsenen Frau noch nicht abgeschlossen haben. Sie haben dann oft Schwierigkeiten mit dem Treiben.

Körperbedingte Ausnahmen kommen bei allen vor.

Allerdings gibt es eine Möglichkeit, dies auszugleichen.

Wenn Kinder und Männer die Arme im Wasser über den Kopf strecken, funktioniert das wie bei einer Wippe. Man verlagert den Schwerpunkt, indem man die Arme unter Wasser über den Kopf streckt, wodurch ein Gleichgewicht entsteht.

So kann auch ein Mann auf dem Rücken treiben. Wichtig ist dabei auch, dass der Kopf inklusive der Ohren im Wasser liegt. Der Kopf ist schwer und würde die Beine gleich wieder absinken lassen. Im Wasser wird sein Gewicht vom Wasser getragen.

Ehe man die Kinder alleine auf dem Rücken treiben lässt, sollte man ihnen beibringen, wie sie aus der Rückenlage wieder aufstehen können. Am Anfang ist es sehr beängstigend, sich in die Rückenlage zu begeben, wenn man nicht weiß, wie man wieder hochkommt. Dazu unterstützt man die Kinder am besten unter den Achseln.

Zum Aufstehen muss das Kind sich ganz aufrollen, den Kopf ruckartig nach vorne bewegen und ins Wasser legen. Dann dreht der Körper sich nach vorne und die Beine gehen Richtung Boden. Die Augen sollten offen sein, sodass sie sehen, wo sie ihre Füße hinsetzen.

VORSICHT! Wenn das Wasser unter Brusthöhe ist und man zu schnell hochkommt, kann man das Gleichgewicht verlieren und rückwärts wieder ins Wasser fallen. Man muss erst die Füße fest auf dem Boden haben, das Gleichgewicht finden und dann nur den Kopf aus dem Wasser stecken. Erst danach langsam den Rest des Körpers aus dem Wasser heben.

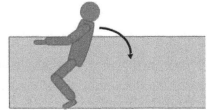

Alternativ kann man den Kindern beibringen, sich erst auf den Bauch zu drehen und dann aufzustehen. Dabei ist zu beachten, dass der Kopf die Drehbewegung einleitet. Der Kopf hat im Verhältnis zum Körper ein großes Gewicht. Deshalb ist er im Wasser sehr wichtig, um Bewegungen einzuleiten. Der Kopf sollte dann auch besser *im* Wasser bleiben, bis die Füße richtigen Halt gefunden haben. Danach aufstehen, wie oben beschrieben.

VORSICHT BEI BABYS UND KLEINKINDERN

Hier ist der Kopf im Wasser eine große Gefahr. Durch den verhältnismäßig schweren Kopf können die Kinder nicht mehr aufstehen, wenn sie ins Wasser fallen. Sie können sogar im untiefen Wasser oder in einem Eimer, der nur zu 15 cm mit Wasser gefüllt ist, ertrinken, weil sie nicht mehr selbstständig aufstehen können.

Treiben auf dem Bauch

Wenn man auf dem Bauch treiben will, macht man das mit den Armen genauso wie in der Rückenlage. Man streckt diese lang über dem Kopf aus und lässt den Kopf im Wasser.

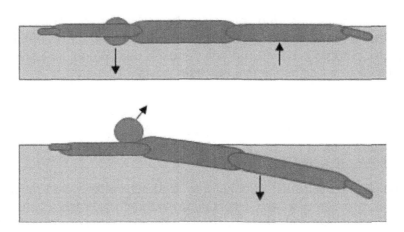

Wenn man den Kopf aus dem Wasser hebt, sinken die Beine zu Boden.

Das ist auch der Grund, warum man eigentlich nach jeder Schwimmbewegung mit der Atmung den Kopf am besten wieder ins Wasser legt. Das erzeugt weniger Widerstand, und das Schwimmen ist nicht so anstrengend. Auch trägt es dazu bei, dass die Wirbelsäule nicht überlastet wird. Dazu später mehr.

Kinder sollten so schnell wie möglich Treiben und Aufstehen lernen. Das stärkt ihr Selbstvertrauen und lässt ihnen mehr Zeit, sich auf die Schwimmbewegungen zu konzentrieren.

Was mache ich zuerst?

Zunächst sollte man dem Kind die Angst vor dem Wasser nehmen und in kleinen Schritten erklären, wie es sich im Wasser verhalten kann. Erst wenn das Kind sich unter die Wasseroberfläche traut, sich unter Wasser orientieren kann, auf Bauch und Rücken treiben kann, sollte man mit den Schwimmtechniken beginnen.

Selbstrettung

Besonders wichtig ist es, dem Kind gleich beizubringen, ins Wasser zu springen, sich umdrehen zu können und mit dem Kopf unter Wasser wie ein Hund oder mit Brustkraulen zurück zum Beckenrand zu schwimmen.

Beim Springen ins Wasser, sollte das Kind versuchen, immer weiter vom Beckenrand weg zu springen; erst im schultertiefen, später im ganz tiefen Wasser. Im tiefen Wasser muss der Trainer selbst auch im Wasser sein und dem Kind anfangs beim Umdrehen und auf dem Weg zum Beckenrand zurück helfen. Das Kind sollte auch lernen, dort selbstständig aus dem Wasser zu klettern.

Ein extrem ängstliches Kind kann mit Unterstützung von Armreifen zur Fortbewegung im Wasser angeleitet werden; auf diese Weise hat es bald schon ein Erfolgserlebnis. Diese Armreifen sollten 2 unabhängige Luftkammern haben und ein Sicherheitsventil, das dafür sorgt, das keine Luft ausströmt, wenn der Stopfen abgezogen wird. Als extra Hilfsmittel kann man dann noch eine Schwimmnudel dazu nehmen. Dies ist bei manchen Übungen auch beschrieben.

Von einem Schwimmgurt um den Bauch ist abzuraten. Dadurch werden die Kinder in der Mitte hochgedrückt. Das wiederum sorgt dafür, das das Gesicht zu tief in Richtung Wasser geht und dabei sogar unter Wasser geraten könnte. Doch besonders davor hat das Kind ja Angst. Es erfährt dann nicht, dass das Wasser seinen Körper während der Fortbewegung nach vorne gleichzeitig noch nach hinten hochdrückt.

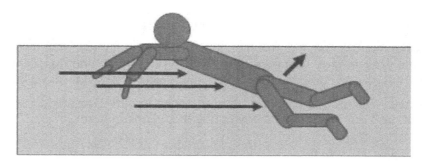

Das Kind sollte lernen, die positiven Kräfte des Wassers zu spüren. Das geht am besten, wenn man so wenig wie möglich Schwimmhilfen einsetzt.

Ich kann es nicht oft genug erwähnen: Am Anfang jeder Schwimmstunde beginnt man immer wieder mit den kleinen Schritten, um das Kind mit dem Wasser vertraut zu machen. Und ganz gleich, wie klein die Fortschritte sind, loben Sie das Kind in den Himmel. Das ist die beste Motivation, um weiter zu üben.

Da jedes Kind anders lernt, sollte man darauf achten, wie man das einzelne Kind am individuellsten anleitet. Mit dem einen Kind ist es einfacher auf dem Bauch anzufangen, mit dem anderen auf dem Rücken. Es ist also den Ausbildern überlassen, das zu erkennen und für das Kind sinnvoll anzuwenden. Ich habe hier eine Reihenfolge beschrieben, die bei den meisten Kindern prima funktioniert. Es kann bei manchen Kinder besser sein, die Reihenfolge zu verändern, aber das müssen Sie herausfinden.

Stoppen Sie, wenn das Kind etwas nicht tun möchte

Beruhigen Sie das Kind, wenn es etwas nicht tun will, weil es das noch nicht kann. Trösten Sie es, bereiten Sie es aber darauf vor, dass es am Anfang jeder Unterrichtsstunde dasselbe wieder üben muss. Stellen Sie dem Kind in Aussicht, dass das wiederholte Üben schon bald zum Erfolg führt.

Oft ist es sehr hilfreich, die Kinder auf die nächste Stunde vorzubereiten. Sagen Sie ihnen, womit Sie den Unterricht in der nächsten Stunde fortsetzen. Sie müssen sich dann aber auch dran halten! Dadurch bauen Sie Vertrauen zum Kind auf.

Bitte enttäuschen Sie ein Kind nie, indem Sie sagen „ich halte dich fest" oder „ich fange dich auf", wenn Sie es dann doch nicht machen. Es kann Ihnen passieren, dass Sie dann das Vertrauen des Kindes total verlieren. Es wird sehr schwer, dieses Vertrauen wiederherzustellen. Das kann Monate dauern.

Zudem bleiben solche Enttäuschungen vielen Kindern lange im Gedächtnis. Im schlimmsten Fall führt es zu einer Wasserangst.

Vor dem Schwimmen, das Tauchen lernen:

UNTER WASSER SEIN MACHT SPASS

Wie ich es bereits erklärt habe, hat ein Kind erst genug Vertrauen in das Element Wasser, wenn es auf dem Bauch und Rücken einfach treiben und sich auch unter Wasser orientieren kann.

Das Treiben haben wir besprochen, und dass man mit offenen Augen schwimmen sollte, auch. Jetzt geht es aber ans **Abtauchen**. Wie kriegen wir das hin, wenn unser Körper leichter ist als Wasser?

Zunächst verzichten wir natürlich auf sämtliche Schwimmhilfen. Diese erhöhen ja den Auftrieb und verhindern das Abtauchen. Ebenso wirkt ein Zuviel von Luft in den Lungen. Ich höre immer wieder Eltern wie auch Lehrer sagen: „Jetzt hole mal tief Luft und hole mir den Tauchring vom Boden." Ebenso gut könnte man sagen: „Jetzt häng dir mal 10 Kilo Blei um den Bauch und versuch zu fliegen".

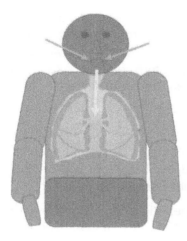

Die Luft in den Lungen wirkt wie eingebaute Schwimmflügel bei den Kindern. Selbstverständlich ist das bei Erwachsenen auch so. Man sollte ihnen beibringen, wie sie damit arbeiten müssen. Wenn man oben bleiben will, muss man Luft einatmen und diese dort halten. Wenn man unter Wasser will muss man so viel Luft ausatmen, dass man sich ohne Anstrengung auf den Boden des Schwimmbades sinken lassen kann. Wenn man alle Luft ausgeatmet hat, ist noch immer etwa ein Drittel der Lungen mit Luft gefüllt. Damit kann das Blut mindestens noch 2 Minuten mit Sauerstoff versorgt werden.

Das Blut sorgt wiederum dafür, dass unser Gehirn noch für einige Minuten mehr Sauerstoff erhält. Wir haben also genug Reserve, um längere Zeit zu überleben. Das ist auch der Grund, warum manche wichtige Organe paarweise vorhanden sind.

Für den Fall, dass eins aussetzt, wird das andere die Funktion teilweise übernehmen. 2 Lungen sind dann auch im Wasser ausgezeichnete Hilfsmittel. Kinder, die mit Freude unter Wasser sind, lernen auch schneller schwimmen. Es empfiehlt sich, Spiele mit ihnen zu machen, durch die sie mit Freude am Unterwasserschwimmen teilnehmen.

Man kann die Kinder ein Spielzeug oder einen Tauchring vom Boden des Schwimmbeckens holen lassen. Wenn sie das schaffen, legt man mehrere Ringe hintereinander. Eine andere Spielidee ist, sich mit gespreizten Beinen hinzustellen und die Kinder dazwischen durchtauchen zu lassen. Dann können sich mehrere Personen hintereinander stellen, und so den Tauchweg allmählich verlängern. Aber bitte so, dass zwischen den Personen genügend Platz ist, dass die Kinder wieder auftauchen können, falls es nötig ist.

Wenn man Hoola Hup-Reifen zur Verfügung hat, kann man zum Durchtauchen 2 davon hintereinander vertikal im Wasser halten. Am Anfang noch nahe an der Oberfläche und später immer etwas tiefer. Manche Schwimmbäder haben Hoola Hup-Reifen, die man sich eventuell leihen kann.

Mehrere Kinder können aus den Spielen einen Wettkampf machen. Man legt 6 Ringe in einen Zirkel von 2 Meter. Jetzt müssen die Kinder von zwei Seiten starten und gleichzeitig mit den Ringen auftauchen. Sie müssen dann so viele Ringe wie möglich sammeln. Das Kind mit den meisten Ringen hat gewonnen.

Auch kann man die Kinder anleiten, ganz viel auszuatmen und sich dann auf den Boden des Schwimmbeckens zu legen. Wer am längsten unten bleibt, hat gewonnen. Achten Sie aber bitte darauf, dass die Kinder ungefähr den gleichen Ausbildungsstand haben. Sonst knabbert es zu stark an deren Selbstvertrauen, wenn sie beim Spiel mal den Kürzeren ziehen.

Um mit den Kindern eine Schwimmbewegung auf dem Rücken zu üben, kann man auch ein Brettchen nehmen und dieses auf dem Bauch halten. Bei Kindern reicht schon ein Kunststoffbrett aus dem Baumarkt, wie man es normalerweise als Kniekissen für die Gartenarbeit verwendet. Es verdrängt ungefähr 3 Liter Wasser, wodurch es einen Auftrieb von 3 kg erreicht. Für Kinder bis 10 Jahre mit normalem Körperbau ist dies zum Üben ausreichend.

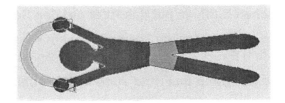

Man kann auch eine Schwimmnudel oder ein Brettchen über den Kopf halten. Das ist aber für die Kinder etwas schwieriger. Auf keinen Fall sollte man das Brettchen unter dem Kopf halten. Dabei würden die Beine gleich wieder Richtung Boden sinken.

In welchem Alter sollte man mit Schwimmunterricht beginnen?

Wenn es nach den Eltern geht, kann man nicht früh genug damit anfangen. Aber ist das auch gut für das Kind?

Wir müssen dafür ein bisschen auf die Entwicklungspsychologie des Kindes schauen. Da ist zum Beispiel der *Reflex*, der dafür sorgt, dass ein Baby, wenn es ins Wasser fällt, den Atem anhält, die Augen öffnet und wie ein Hund zu schwimmen versucht. Das ist toll, denn dadurch haben Eltern und Retter mehr Zeit, das Kind aus dem Wasser zu holen.

Der Reflex ist entstanden, als das Baby im Bauch von Flüssigkeit umgeben war. Leider hat die Natur den

Reflex zeitlich begrenzt. Nach ungefähr 6 Monaten ist dieser Reflex verschwunden. Scheinbar setzt die kindliche Entwicklung dann andere Prioritäten. Wenn man mit dem Kind aber regelmäßig im Wasser übt, kann man das Kind darauf trainieren, dass es den Reflex beibehält. Macht man aber eine längere Pause, ist die Wahrscheinlichkeit groß, dass das Kind den Reflex verliert.

Irgendwann steht die sogenannte Asymmetrische Phase an. Bei den meisten Kindern beginnt diese etwa ab dem 4. Lebensjahr und dauert – je nach Entwicklung – 1 bis 2 Jahre.

Man sieht, dass kleine Kinder zum Beispiel ein Glas mit 2 Händen greifen (symmetrisch). Wenn sie ungefähr 4 Jahre alt sind, versuchen sie es mit einer Hand. Zu Beginn wird die andere Hand an den Tisch geführt, und das Kind hält sich daran fest. Das heißt, dass die Hand eigentlich mit zum Glas will, die Kinder dies jedoch unterbinden, weil sie sich am Anfang der Asymmetrischen Phase befinden und das Gehirn noch an der Entwicklung arbeitet.

Welchen Einfluss hat das Alter auf den Schwimmunterricht?

Bis zum 5. Lebensjahr könnte man dem Kind einen symmetrischen Schwimmschlag beibringen. Sowohl auf dem Bauch als auch auf dem Rücken. Das Allerwichtigste kann ich nicht oft genug betonen:

Bitte nur wenn das Kind auch wirklich selber Spaß dran hat!

Wenn man möchte, dass das Kind dies nicht verlernt, muss man mindestens alle 2 bis 3 Wochen mit dem Kind schwimmen gehen. Nach einer längeren Pause überfordert die Asymmetrische Phase die Kinder, wobei die Möglichkeit besteht, dass die Kinder den Bewegungsablauf des symmetrischen Schwimmschlages verlernen.

Ich habe erlebt, dass Kinder, die mit 5 Jahren ihr Bronze- und Silber-Schwimmabzeichen hatten, nicht mehr schwimmen konnten, als sie mit 9 Jahren im Rahmen des schulischen Sportunterrichts zum Schwimmen gingen. Die Nachfrage ergab, dass sie, nachdem sie Silber hatten, nie mehr im Schwimmbad waren. Scheinbar trug die Asymmetrische Entwicklung dazu bei, dass sie es verlernt hatten.

Wenn man Kindern, die sich in der Asymmetrischen Phase befinden, einen symmetrischen Schwimmschlag beibringen will, ist es, als würde man ein Kind, das Laufen lernt, jede Woche dazu verpflichten, eine Stunde zu kriechen.

Es ist dann besser, etwas zu machen, das die Asymmetrische Entwicklung stimuliert. Dazu ist zum Beispiel der Brust- und Rücken-Kraulschlag sehr geeignet. In anderen Ländern wird auch meistens damit angefangen. In Amerika ist das normal, und in den Niederlanden gibt es auch immer mehr Schwimmschulen, die mit dem Brustkraul anfangen.

Wenn die Kinder einmal die Asymmetrische Entwicklung hinter sich haben, können sie abwechselnd symmetrische und asymmetrische Bewegungen machen, ohne dass dies sie hindert. Das ist auch der Grund, weshalb ich meine Kinder erst ab ihrem 6. Lebensjahr zum Schwimmunterricht gebracht habe. Ich habe sie vorher schon mit dem Wasser ausreichend vertraut gemacht und ihnen beigebracht, wie sie über den Abstand von 5 Meter im tiefen Becken zum Rand schwimmen und allein rausklettern konnten. Fällt man ins Wasser, geschieht dies meistens nicht auf offener See, sondern in Ufernähe. Dann ist die Selbstrettung wichtiger als eine optimal ausgeführte Schwimmbewegung.

Die Asymmetrische Entwicklung:

Bis etwa zum 5. Lebensjahr bewegen sich Kinder hauptsächlich symmetrisch. Danach fängt das Gehirn an, die Asymmetrie weiterzuentwickeln. In der Zeit bis etwa 9 Jahren werden die beiden Gehirnhälften sich so entwickeln, dass sie beide Körperhälften unabhängig voneinander steuern können. In dieser Phase entwickelt sich auch eine Seite zur bevorzugten, die das Kommando übernimmt. Die andere Seite ist eher die assistierende. Ob ein Mensch Rechts- oder Linkshänder wird, entscheidet sich in dieser Zeit. Selten gibt es Menschen, die auf beiden Seiten über die gleichen Fähigkeiten verfügen.

Ab ungefähr 5 Jahren entwickeln sich die beiden Gehirnhälften so, dass sie Bewegungsabläufe unabhängig voneinander steuern können. Zum Beispiel: Beim Aufdrehen eines Deckels hat jede Hand eine eigene Funktion. Anders herum gelingt es nicht so gut.

Beim Schwimmen schaffen die Kinder es dann auch immer leichter, zwischen Brustschwimmen (symmetrisch) und dem Brustkraul (asymmetrisch) wechseln zu können.

Wie Ängste entstehen

Kleinkinder haben im Allgemeinen keine Angst im Wasser. Es kann jedoch sein, dass sie sich schon früh einmal erschreckt haben oder die (mögliche) Wasserangst der Mutter übernommen haben. Die lieben Eltern wollen natürlich nicht, dass das Kind in der Badewanne mit dem Köpfchen untergeht. Darum wird der Kopf beim Baden unterstützt und über Wasser gehalten. Das ist gut. Aber die Ohren dürfen ruhig mit ins Wasser. Dadurch gewöhnen sich schon die Kleinen gleich an den Druck des Wassers, den sie später beim Schwimmen und Tauchen in ihren Ohren fühlen. Kleine Babys sind das sowieso gewohnt, da sie ja aus dem Fruchtwasser kommen. Kleinkindern müssen sich häufig erst wieder daran gewöhnen.

Eine Mutter kann ihre eigenen Ängste schon während der Schwangerschaft auf das Kind übertragen. Wenn die Mutter Wasserangst hat und das Baby später in der Badewanne ängstlich umklammert hält, weil sie nichts falsch machen will, fühlt das Kind ihre Angst und könnte diese übernehmen. Darum ist es wichtig, dass die Mutter entspannt ist, wenn sie das Kind badet. Es ist empfehlenswert, dass sie anfangs jemand anderem, der schon Erfahrung hat, zuschaut, wie es gemacht wird. Wichtig ist auch, das Kind nicht entsetzt und entsprechend heftig aus dem Wasser zu ziehen, wenn es mal kurz unter Wasser gerutscht ist. Der sogenannte Tauchreflex (bis 6 Monate) sorgt dafür, dass es seine Luftröhre abschließt. Anstelle übermäßigen Trostes sollte man dann fröhlich sein und das Kind mit Komplimenten überhäufen. Dann fühlt auch ein Baby schon, dass es etwas gut gemacht hat und es nicht schlimm ist, wenn es mal untertaucht. Die Mutter sollte sich angewöhnen, erst zu erschrecken und dann das Kind aus dem Wasser zu holen, wenn sie sich beruhigt hat. Das klingt verrückt, aber der Schreck dauert meist noch nicht mal eine Sekunde. Der Effekt ist, dass das Kind nicht erschreckt wird und als Folge daraus Wasser mit dem Schrecken verbindet.

Wenn man einmal Angst vor Wasser hat, ist es schwer, sie wieder loszuwerden.
Wie kann man Wasserangst verhindern oder vielleicht wieder loswerden?

Atemschutzreflex:

Durch den Atemschutz- oder Tauchreflex stellt der Körper sicher, dass kein Wasser in die Lunge des Babys gelangt. Sobald Mund und Nase des Säuglings mit Wasser in Berührung kommen, verschließen sich seine Atemwege. Dieser Reflex ist nur für ein paar Monate (Zirka 6) nach der Geburt aktiv und verschwindet dann. Deshalb ist auch das Babyschwimmen nur während einer relativ kurzen Zeitspanne möglich.

Wenn man zusammen mit Babys im Wasser ist, kann man mit ihnen üben, unter Wasser zu gehen. Erst zählt man bis 3, und geht dann selbst unter Wasser, hält aber das Kind hoch. Wenn man wieder auftaucht sollte man das Kind fröhlich anlachen.

Das wiederholt man 3 bis 4 Mal. Danach nimmt man das Kind kurz mit unter das Wasser und lobt es überschwänglich, wenn man wieder auftaucht. Wenn das Kind gut reagiert, kann man es wiederholen. 2 bis 3 Male reichen fürs Erste. Wenn es nicht so gut verläuft, sollte man warten bis zum nächsten Besuch im Schwimmbad. Manche Kinder brauchen mehr Zeit, um etwas Neues zu lernen als andere. Man sollte sie nicht überfordern. Der Aufenthalt im Wasser sollte immer Fröhlichkeit erzeugen.

Falls das mal nicht so ist, einfach abbrechen. Wir haben schließlich auch nicht immer Lust aufs Schwimmen.

Mit Kindern sollte man ganz entspannt an die Sache rangehen. Am besten macht man alle Übungen erst mal vor. Ist ein Kind noch nicht richtig ans Wasser gewöhnt, beginnt man damit, Gesicht und Haare zu „waschen". Das kann man zu Hause in der Badewanne üben. Wichtig: Die Kinder sollen es selbst machen, aber ohne Seife. Einfach beide Hände zusammen aufhalten wie eine kleine Schale. Etwas Wasser aus dem Schwimmbecken in die Hände nehmen und damit durchs Gesicht reiben. Später mal richtig viel Wasser ins Gesicht spritzen lassen. Dann kommen die Haare dran. Auch hier das Wasser mit den Händen über den Kopf bringen und so die Haare „waschen". Um sich daran zu gewöhnen, dass es spritzt, sollten die Kinder sich selbst das Wasser so über den Kopf spritzen, als würde es regnen. Dabei kann man ein Lied singen: „Es regnet, es regnet, die Haare werden nass."

Bitte niemals dem Kind Wasser ins Gesicht spritzen. Was man selbst nicht angenehm findet, sollte man auch den Kindern nicht antun.

Als nächstes fängt man an, das Kind ins Wasser pusten zu lassen. Erst kurz über dem Wasser und dann mit dem Mund ein bisschen unter der Wasseroberfläche Luftblasen machen. Hier kann man auch ein kleines Bällchen nehmen und es die Kinder wegpusten lassen. Erst über Wasser und dann mit dem Mund im Wasser blasen, sodass die Luftblasen das Bällchen fortbewegen. Dann sollten die Kinder mal versuchen, ihre Nase ins Wasser zu stecken. Dabei sollten sie durch die Nase Ausatmen und Luftblasen ins Wasser machen.

Wenn das gelingt, folgt der nächste Schritt: Das Gesicht „waschen" ohne Hände. Die Hände über Wasser halten, das Gesicht ins Wasser stecken und zum „Waschen" hin und her bewegen. Manchmal wollen die Kinder sich dabei die Nase zuhalten. Das ist am Anfang in Ordnung. Nach einigem Üben sollte man ihnen jedoch beibringen, unter Wasser durch die Nase auszuatmen. Man kann es ihnen mit einem Vergleich erklären: Es ist, wie wenn sie mit ihrer Nase in ein Taschentuch pusten. Wenn Luft in der Nase ist, kann nämlich kein Wasser eindringen.

Wenn sie merken, dass kein Wasser in ihre Nase kommt, geht es auch ohne Nasezuhalten. Schließlich müssen sie später auch ins Wasser springen, ohne die Nase zuzuhalten. Sie sollten schon lernen, dass sie Hände und Arme bei einem Sprung ins Wasser brauchen. Wenn man sich angewöhnt hat, beim Eintauchen ins Wasser kurz durch die Nase auszuatmen, bekommt man kein Wasser in die Nase.

Weiter vorn in diesem Ratgeber habe ich bereits beschrieben, wie man die Kinder darauf vorbereiten muss, dass sie die Augen unter Wasser am besten offen halten sollen. Das ist sehr wichtig zur Orientierung, wenn sie mal versehentlich ins Wasser fallen. Wenn sie es beherrschen, überwinden sie die Panik nach einem Sturz ins Wasser schneller. Sie sehen dann ja unter Wasser, wohin sie müssen. Mit geschlossenen Augen wären sie wie in einem dunklen Loch und könnten die Orientierung verlieren.

Die Technik der Schwimmbewegungen

Am einfachsten ist es, wenn man die Gelegenheit hat, diese Übungen in brusttiefem Wasser zu machen; bis Schultertiefe geht auch noch. Die Kinder sollten aber noch gut stehen können. Nach meiner Erfahrung ist eine Wassertiefe von 80 cm für die meisten Kinder von 5 bis 7 Jahre am besten geeignet.

Brustkraul

Die Meinungen, wann man mit dem Brustkraulschwimmen anfangen sollte, gehen auseinander. In Deutschland fängt man oft mit dem Brustschwimmen an.

Ich bin jedoch der Meinung, dass man im Schwimmunterricht mit dem *Kraulschlag* beginnen sollte. Da viele Kinder sich noch in der Asymmetrischen Phase befinden, hilft man damit den Kindern in ihrer Entwicklung. Weil man sich beim Brustkraul relativ schnell und einfach fortbewegt, hat das Kind rasch ein Erfolgserlebnis. Und das stimuliert die Lust auf mehr.

Wenn es darum geht, Kinder mit dem Wasser vertraut zu machen, habe ich Ihnen schon empfohlen, dass die Kinder lernen sollten, wie ein Hund zu schwimmen, indem sie einfach eine Laufbewegung mit Händen und Beinen machen.

Beim Brustkraul nun sollen sie die Beine ausgestreckt lassen und eine Strampelbewegung ausführen. Das übt man am besten sitzend auf einer Treppe im Wasser. Die Knie sollten dabei angespannt bleiben (Sie werden vom Wasserdruck automatisch etwas in Bewegung gesetzt.), aber die Füße sollten ganz entspannt bleiben. Die werden dann vom Wasser wie eine Schwimmflosse bewegt. Die Kraft sollte nur aus den Hüften kommen. Wenn es auf der Treppe klappt, kann man es in der Rückenlage probieren.

Zuerst etwas treiben und dann mit den Beinen anfangen. Zur Unterstützung kann man am Anfang ein Schwimmbrett auf dem Bauch halten, und zwar in der Nähe der Beine oder über dem Gesäß. Danach wird ohne Schwimmbrett geübt.

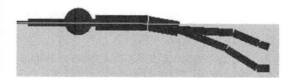 

Wenn das klappt, sollen die Kinder mit ausgestreckten Armen auf dem Bauch schwimmen lernen. Dazu können sie am Anfang ein Schwimmbrettchen oder eine Schwimmnudel in den Händen halten. Es ist darauf zu achten, dass ihre Arme lang gestreckt bleiben und so wenig wie möglich Druck auf das Schwimmbrett oder die Nudel ausüben. Wenn sie nämlich darauf drücken, senken sich die Beine zum Boden. Den Kopf sollten sie am besten unter Wasser lassen und nur zum Luftholen ab und zu kurz anheben. Noch besser ist, wenn sie ihn zum Luftholen zur Seite drehen.

Sobald das gut funktioniert, kann man das Brett oder die Nudel vom Kind ein bisschen aus dem Wasser heben lassen. Dann fühlen sie, das sie die Unterstützung nicht mehr nötig haben. Haben sie das bemerkt, können sie auf das Brett oder die Nudel verzichten.

Nun kann man die Armbewegung dazu nehmen. Dabei strecken die Kinder einen Arm lang über den Kopf. Dann klappen sie die Handfläche nach unten und sorgen dafür, das diese vertikal im Wasser ist. Mit der Handfläche ziehen sie das Wasser am Körper vorbei bis zum Oberschenkel. Die Handfläche sollte die ganze Zeit horizontal im Wasser bleiben. Das heißt, sie dreht sich im Handgelenk mit, sodass sie ständig Druck auf dem Wasser erzeugt. Die Finger sollten dabei geschlossen bleiben.

Später lernen wir noch, dass man die Hand in einer S-Bewegung nach hinten bringt, und warum. Am Anfang genügt eine gerade Bewegung am Körper vorbei. Während der eine Arm nach hinten geht, holt man den anderen Arm schon am Oberschenkel aus dem Wasser und bringt ihn über der Oberfläche nahe am Körper vorbei ganz nach vorne in die Ausgangsposition. So bewegt man beide Arme im Wechsel. Dabei machen die Beine die ganze Zeit eine Kraulbewegung. Die Beine bewegen sich dabei doppelt so schnell wie die Arme.

Atmung

Am Anfang kann nach jedem dritten Durchgang einmal eingeatmet werden. Am einfachsten geht das in dem Moment, während ein Arm nach vorne geht, indem man den Kopf in die Richtung dieses Armes zur Seite dreht und unter der Achselhöhe schnell einatmet. Am besten immer auf derselben Seite.

Das Ausatmen geschieht danach unter Wasser. Nach einigem Üben kann man auch bei jeder Armbewegung unter dem Arm einatmen.

Der Brustkraul ist eine Schwimmbewegung, die schnelle Resultate bringt. Vor allem merken die Kinder, dass sie in relativ kurzer Zeit große Strecken überwinden können. Das ist ein Erfolgserlebnis, durch das sie auch motiviert werden, weiterzumachen.

Der Rückenkraul

Die Basis für den Rückenkraul ist ja schon gelegt. Die Kinder können auf dem Rücken treiben und die Beinbewegung des Kraulschlages. Jetzt brauchen sie nur noch die Arme abwechselnd bei den Oberschenkeln aus dem Wasser zu nehmen, am Körper vorbei führen, oberhalb des Wassers über den Kopf bringen, sie ausstrecken und dann von dort aus das Wasser mit der Handinnenfläche wieder zum Oberschenkel drücken.

Die Handfläche sollte dann weiterhin vertikal im Wasser sein, um Druck aufs Wasser ausüben zu können. Das macht man abwechselnd mit beiden Armen, wobei die Beinbewegung doppelt so schnell erfolgt. Wenn man auf dem Rücken schwimmt, ist das Atmen ja relativ einfach.

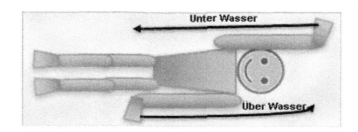

Man sollte versuchen, die Lungen zu 2 Drittel gefüllt zu halten. Dadurch bleibt man etwas mehr über Wasser, wodurch nicht so schnell Wasser über das Gesicht läuft. Das hilft Anfängern, die Angst vor dem Rückenschwimmen zu verlieren. Später entwickeln sie selbst eine Atemtechnik, die bei ihnen passt.

Das Brustschwimmen

In Deutschland wird das Brustschwimmen oft zuerst gelernt. Ob das der richtige Weg ist, wage ich zu bezweifeln. Auch sehe ich noch immer, dass die Kinder beim Erlernen des Brustschwimmens mit den Beinen Bewegungen machen müssen, die ihre Knie unnötig belasten. Damit will ich sagen, dass die Kniebewegungen so gemacht werden, dass die Kniegelenke seitlich einem starken Druck ausgesetzt sind. Manche Ausbilder stellen sich dabei hinter die Kinder und bewegen ihre Beine so im Kreis, dass dieser starke Druck entsteht.

DAS KNIE

*Durch seinen Aufbau ermöglicht uns das Kniegelenk die **Beugung und Streckung des Beins**. Dabei gleitet die Kniescheibe in einer speziellen schmalen Rinne über den Oberschenkelknochen. Eine leichte **Ein- und Auswärtsdrehung** ist auch in gebeugtem Zustand möglich, zum Beispiel, wenn Sie die Beine übereinander schlagen oder im Schneidersitz sitzen.*

Das Knie ist aber nicht dafür ausgelegt, dauerhaft eine seitliche Bewegung zu machen, wie es zum Beispiel die Ellenbogen können. Gerade bei Kindern in der Entwicklung sind die Gelenke noch im Aufbau und elastisch. Man sollte sie auch nicht überstrecken. Wasser, das seitlich durch die Beine weggedrückt wird, übt einen zu starken Druck auf die Kniegelenke aus. Das sollte vermieden werden.
Darum werde ich eine Technik vorstellen, bei der die Knie geschont werden.

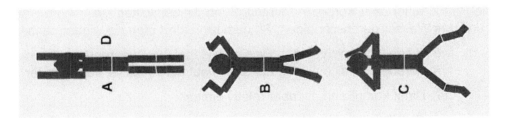

Nach der Schwimmbewegung den ganzen Körper wieder strecken zum Austreiben. (D)

Wir fangen mal mit der Armbewegung an. Die kann man ganz einfach beim Sitzen im Trockenen üben.

Man steckt die Arme lang nach vorne. Die Hände werden dabei horizontal gehalten und gerade nach vorne gestreckt. So sorgen die Hände dafür, dass sie während des Austreibens als Stütze auf dem Wasser funktionieren.

Arme und Beine ganz strecken zum Austreiben

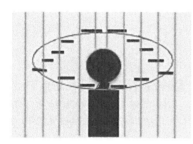

Der Armschlag beginnt damit, dass man die Hände vertikal runterklappt, um das Wasser nach hinten drücken zu können. Dann bewegt man die Unterarme nach unten ins Wasser, wobei der Ellenbogen in Schulterhöhe bleibt. Die Hände bewegen sich seitlich, die Handflächen bleiben vertikal im Wasser. Das heißt, dass sie sich während der Bewegung im Handgelenk mitdrehen. Die Hände gehen nicht weiter nach außen als die Ellenbogen.

Das bedeutet, dass die Hände in der Bewegung stoppen, wenn sie sich zusammen mit den Unterarmen vertikal unter den Ellenbogen befinden. Die Arme und Hände sollten während des nach hinten Ziehens nicht an der Schulter vorbeikommen. Wenn das geschieht, drückt man das Wasser nach oben und sich selbst unter Wasser. Aktion–Reaktion.

Dann gehen die Hände unter dem Körper in Richtung Kinn. Dabei sollten sie gestreckt sein und das Wasser durchschneiden. Ab dem Kinn führt man sie wieder nach vorne.

Die Hände falten sich am Kinn wie zum Gebet, und während der Streckbewegung der Arme drehen sie sich wieder als Stütze auf dem Wasser auseinander.

Das klingt kompliziert, ist aber relativ einfach.

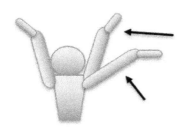

Früher hat man die Arme gestreckt sehr weit zur Seite gebracht. Dadurch hat man das Wasser vor allem zur Seite gedrückt. Das Resultat war, dass man sich in die entgegengesetzte Richtung gedrückt hat. Der andere Arm hat genau das Gegenteil gemacht. Das war für die Arme gegenseitig belastend.

Erst wenn die Arme mit sehr viel Kraft aus der Schulter weit genug auseinander waren, wurde eine Bewegung vorwärts eingeleitet. Dadurch wurde unnötig viel Kraft verschwendet. Hinzu kam noch, dass die Arme bei dem langen Weg, um die Hände zurück zum Kinn zu bringen, als Bremse wirkten und den gerade gewonnenen Schwung wieder abbremsten. Alles in allem eine sehr ermüdende Art zu schwimmen.

Man sollte die Armbewegung selbst üben und im Wasser ausprobieren. Wenn man sie dem Kind von Anfang an richtig vormacht, wird es diese schnell übernehmen.

Im Alter von 5, 6 Jahren ist es noch eine komplizierte Bewegung für ein Kind, aber motivierte Kinder lernen schnell. Man sollte ein bisschen Geduld haben.

Die Finger sollten während der Armbewegung natürlich geschlossen bleiben.

Beim Schwimmen sollte man in der Anfangsphase die Armbewegung mit dem Kopf unter Wasser üben. Man kann natürlich auch Schwimmhilfen für die Arme verwenden. Dadurch wird das Kind aber eher daran gehindert, sich mit dem Gegendruck des Wassers von unten anzufreunden. (Archimedisches Prinzip) Erst wenn die richtige Atemtechnik dazukommt, wird es einfacher, den Kopf über Wasser zu halten.

Erklärung: Das Archimedische Prinzip

„Der statische Auftrieb eines Körpers in einem Medium ist genauso groß wie die Gewichtskraft des vom Körper verdrängten Mediums." Siehe auch das Bild mit dem Eimer im Wasser auf Seite 9.

Jetzt kommt die Beinbewegung auf dem Bauch dazu

Die Beinbewegung ist für Kinder schon etwas schwerer umzusetzen. Ich habe eine Methode entwickelt, bei der die Beine so wenig wie möglich seitlichen Widerstand haben, damit die Knie geschont werden.

Erst sollte man die Beine anwinkeln und die Knie nach unten ziehen. Die Beine bleiben dabei zusammen, bis man einen Winkel von 90 Grad erreicht hat. So ist es auch leichter, die Fußsohlen vertikal aufs Wasser zu bekommen. Wenn die Beine nebeneinander im Winkel von 90 Grad sind, spreizt man die Beine so weit wie möglich zur Seite.

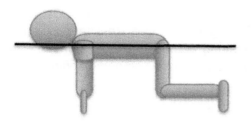

Die Füße müssen vor dem Abstoßen nach vorne mit den Zehen Richtung Kinn gezogen werden. Sie sollten vertikal im Wasser stehen, um dieses mit den Fußsohlen nach hinten zu drücken. Erst am Ende der Bewegung dürfen die Füße zum Austreiben wieder lang gestreckt werden. Ich sage hinterher zu meinen Schwimmschülern immer: „Klatscht am Ende der Bewegung mal mit euren Füßen."

Am Anfang kann man sich mit den Füßen vom Beckenrand wegdrücken. Man bringt die Füße dazu auch weit auseinander und stößt sich ab. Genauso sollte man das Wasser nach hinten drücken, um den Schub nach vorne zu bekommen.

Wenn man die Armbewegung dazu macht, gehen die Arme während des Einziehens der Beine in die hier dargestellte Position.

Wie schon zuvor erwähnt, sollten die Hände nicht an Schulter und Ellenbogen vorbei gehen.

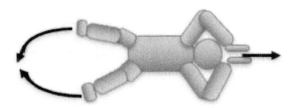

Zum Austreiben werden Arme und Beine gleichzeitig gestreckt. Man streckt sich so lang wie möglich und versucht, den frontalen Widerstand auf ein Minimum zu reduzieren. Die Hände dürfen nebeneinander horizontal gestreckt im Wasser liegen.

Wenn man die Finger etwas höher hält als das Handgelenk, werden die Hände durch den Vorwärtsschub zum Surfbrett, das als Unterstützung dient.

Während des Austreibens sollte man eine kurze Pause machen und bis 2 zählen, ehe man mit dem nächsten Schwimmschlag beginnt.

Die Beinbewegung kann man ganz gut am Beckenrand üben. Wenn dort eine Stange ist, ist es am einfachsten. Mit beiden Händen an der Stange festhalten und eine Schwimmnudel dazu nehmen, die man so dicht wie möglich bei den Beinen platziert. Alternativ zur Schwimmnudel kann man auch eine Hand 50 cm unter dem Beckenrand gerade unter der anderen halten und sich mit dem unteren Arm in eine horizontale Position drücken.

Jetzt kann sich (wenn das Wasser nicht zu tief ist) ein Helfer mit dem Rücken zum Beckenrand stellen und die Beine anfangs bei der Bewegung führen. Dabei darauf achten, dass nach dem Spreizen immer die Füße angezogen werden, ehe man die Beine streckt.

Beinbewegung auf dem Rücken

Es ist wichtig, dass man auch lernt, nur mit den Beinen auf dem Rücken zu schwimmen. Dabei kann man sich entspannen und ohne viel Kraftaufwand größere Strecken schwimmen. Auch hat man die Hände frei und ist in der Lage, z. B. einen ermüdeten oder verletzten Schwimmer zu transportieren.

Da die Kombination mit Atmung beim Brustschwimmen schwierig ist, kann man, ehe man diese erlernt, erst mal das Rückenschwimmen mit Beinbewegung üben. Dadurch bekommen die Kinder schon mal mehr Gefühl für die Beinbewegung, die auch beim Brustschwimmen ähnlich ist.

Da wir schon das Treiben auf dem Rücken geübt haben, ist das Erlernen eines Schwimmschlags nicht mehr so schwierig. Am Anfang kann man zum Üben ein Schwimmbrett auf dem Bauch halten. Auf keinen Fall bitte unter dem Kopf. Diesen Fehler machen jedoch viele, leider auch Schwimmlehrer.

Der Kopf ist schwer und sorgt dafür, dass die Beine zu Boden sinken, sobald er aus dem Wasser kommt. Manche Schwimmlehrer kompensieren das durch einen um die Hüfte gelegten Schwimmgurt. Dadurch entsteht aber eine unnatürliche Haltung, die verhindert, dass das Kind den Druck des Wassers spürt, der ihm Auftrieb verleiht. Aus dem Treiben heraus lässt man die Un-

terschenkel mit den Füßen in einem Winkel von 90 Grad langsam nach unten sinken. Dann spreizt man die Beine wie beim Beinschlag auf dem Bauch. Dabei sollte der Rücken gerade bleiben, sonst würde der Po nach unten gehen und der Rücken die Bewegung abbremsen. Am Ende der Spreizung zieht man die

Füße mit den Zehen nach oben in Richtung Knie. Dabei dreht man die Füße so weit wie möglich zur Seite und nach außen. Von dort aus drückt man mit den Sohlen das Wasser weg, bis die Beine wieder gestreckt und geschlossen sind. Die Sohlen sollten dann auch während der ganzen Bewegung so vertikal wie möglich im Wasser sein.

Man kann am Anfang auch sitzend auf dem Beckenrand üben. Dann sehen die Kinder die Beine und Füße und können sich selbst besser kontrollieren. Es ist wichtig, dass man dabei die Arme lang gestreckt

über dem Kopf, aber im Wasser hält. Der Kopf sollte dabei bis über die Ohren im Wasser ruhen. Dass die Arme gestreckt über dem Kopf sind, hat auch den Vorteil, dass man mit dem Kopf am Ende der Bahn nicht gegen die Mauer oder andere Schwimmer stößt. Was beim Rückenschwimmen des Öfteren passiert.

Nach jeder Schwimmbewegung sollte man ganz gestreckt sein, bis 4 zählen und austreiben. Nach 4 wird dann die nächste Schwimmbewegung eingeleitet.

Wenn man einmal im Wasser in Bewegung ist, dauert es einige Zeit, ehe man wieder still liegt. Er wäre also Kraftverschwendung, wenn man die nächste Schwimmbewegung zu früh beginnt. Mehr noch. Man bremst die Bewegung, die man gerade selbst in Gang gesetzt hat, wieder ab.

Das Atmen ist natürlich einfach, da sich das Gesicht über dem Wasser befindet. Man sollte aber Einatmen, wenn man anfängt, das Wasser mit den Füßen wegzudrücken. Das hat den Vorteil, dass die Lungen voll sind, und man während der Bewegung hoch im Wasser liegt.

Am Anfang ist es am besten, erst kurz vor dem Moment, bevor man mit der nächsten Schwimmbewegung beginnt, wieder auszuatmen. Dann bleibt der ganze Körper hoch im Wasser, wodurch man auch während des Austreibens nicht so schnell Wasser ins Gesicht bekommt.

Das Atmen beim Brustschwimmen

Um den Kindern mehr Sicherheit zu geben und dafür zu sorgen, dass sie am Anfang mit dem Kopf zum Atmen so hoch wie möglich aus dem Wasser kommen, kann man die Atmung für Anfänger etwas anpassen. Man atmet ein, wenn man anfängt, mit den Armen zu ziehen. In dem Moment ist es am besten, weil man dann mit den Händen den Oberkörper mit dem Kopf etwas aus dem Wasser hebt. Dann hält man den Atem an, bis die Arme nach Vollendung der Schwimmbewegung wieder ganz nach vorne gestreckt sind. Erst wenn man im Kopf bis 2 gezählt hat, sollte man kurz und kräftig ausatmen und beim Ziehen direkt wieder einatmen. So bleiben während der ganzen Phase die Lungen gefüllt und halten Körper und Kopf hoch auf dem Wasser. Das sorgt für weniger Panik, und die Kinder brauchen die Bewegungen nicht zu schnell hintereinander zu machen.

Wenn sie etwas geübter sind, können sie schon etwas früher, während des Streckens der Arme, ausatmen. Am besten einfach ins Wasser pusten.

Sobald die Kinder sich sicher fühlen, kann man ihnen beibringen, während des Austreibens den Kopf ins Wasser zu legen und dort auszuatmen. Das entlastet die Wirbelsäule und hilft, dass die Kinder mit weniger Widerstand durchs Wasser gleiten. Bei Erwachsenen mit Rückenproblemen sollte man das immer so machen. Ansonsten ist das Rückenschwimmen die bessere Wahl.

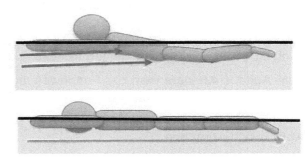

Liegt der Kopf im Wasser, befindet sich der Oberkörper in der Horizontalen. Bleibt der Kopf über Wasser, sinkt der Körper tiefer ab. Dadurch wird er ein Hindernis für das nach hinten strömende Wasser und bremst die eingeleitete Bewegung schneller ab.

Wenn man den Kopf ins Wasser legt, kann man während des Austreibens auch bis 3 zählen.

Mit einer ruhigen und entspannten Schwimmbewegung wird man nicht so schnell müde und kann mit wenig Kraftaufwand größere Strecken zurücklegen.

Denken Sie bitte daran, dass es schon einige Stunden dauert, bis Kinder im Alter von etwa 6 Jahren diese Techniken beherrschen. Die Koordination der verschiedenen Bewegungen und der Atmung ist nicht einfach. Vergleichen Sie es mal Autofahren lernen. Haben Sie also etwas Geduld. Die Konzentration der Kinder in diesem Alter lässt nach 30 Minuten schon stark nach. Man sollte sie nicht überfordern!

Unter Wasser schwimmen

Wie schon besprochen, sollte man zum unter Wasser gehen nicht zu viel Luft in den Lungen haben. Das heißt also, während des Abtauchens sollte man einen Teil der Luft ausblasen. Wenn man noch zu viel Druck aufwärts spürt, empfiehlt es sich, unter Wasser noch etwas mehr auszuatmen. Um vorwärts zu kommen, kann man das oben gelernte Brustschwimmen auch unter Wasser einsetzen. Nur müssen jetzt die Arme am Körper vorbei in Richtung Knie ganz durchgezogen werden.

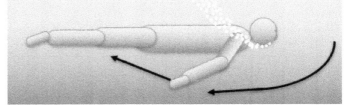

Man darf die Arme unter Wasser auch etwas weiter auseinander machen als beim Brustschwimmen, und zwar weil die Arme ja durchgezogen werden bis zu den Beinen und der Rückweg am Körper vorbei mit so wenig wie möglich Widerstand gemacht wird. Wenn die Arme am Ellenbogen vorbeiziehen, sollten die Hände das Wasser etwas zur Oberfläche drücken. Dadurch baut man Kraft nach unten auf, wo wir ja schwimmen wollen.

Wenn die Hände an den Beinen angekommen sind, macht man eine kurze Pause. Dabei lässt man die Beine noch gestreckt. Von dort aus führt man die Hände ganz nah am Körper vorbei wieder nach vorne in die Ausgangsposition. Währenddessen setzt man die Beinbewegung ein. Auch wenn man nach der Beinbewegung wieder gestreckt ist, sollte man eine kurze Pause machen. Wenn man einmal in Bewegung ist, sollte man das Austreiben nicht zu schnell durch eine neue Schwimmbewegung unterbrechen.

Zum Auftauchen zieht man die Armbewegung nicht mehr durch, sondern drückt das Wasser mit der Handfläche Richtung Boden.

Kopfüber tieftauchen

Um aus dem Schwimmen heraus abzutauchen, muss man Arme und Kopf unter Wasser bringen, sich in der Hüfte stark beugen, die Beine anziehen bis zum Po und sich mit den Händen nach unten ziehen. Die angezogenen Beine muss man dabei schnell mit den Füßen Richtung Decke strecken. Diese kommen dann aus dem Wasser und schieben dadurch den Körper nach unten. Man macht dabei eine kräftige Schwimmbewegung mit den Armen und zieht sich so tief unter die Wasseroberfläche.

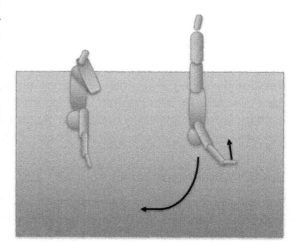

Wenn die Beine aus dem Wasser sind werden sie schwer, weil der Druck des Wassers sie nicht mehr trägt.

Vom Beckenrand mit den Füßen zuerst ins Wasser springen

Im untiefen Wasser

Am Anfang sollte man Kinder am besten in untiefe Gewässer springen lassen. Dabei müssen die Kinder unterstützt werden. Sorgen Sie dafür, dass die Kinder zunächst mit dem Kopf über Wasser bleiben. Erst, wenn sie sich gut unter Wasser trauen, dürfen sie beim Springen mit dem Kopf unters Wasser tauchen. Fangen Sie in knietiefem Wasser an und gehen allmählich zu hüfttiefem, bauchtiefem und zuletzt zu schultertiefem Wasser über. Sie sollten bei der Landung auf dem Grund in die Knie gehen, um ihr Gewicht aufzufangen. Ehe sie in brust- und schultertiefes Wasser springen, ist es ratsam, ihnen zu erklären, dass sie dabei kurz mit dem Kopf unter Wasser geraten. Sie sollten sich langsam daran gewöhnen. Auch ist es gut, wenn sie unter Wasser direkt die Augen öffnen. Sie können sich besser orientieren und halten ihr Gleichgewicht.

Wenn die Kinder das Springen in schultertiefem Wasser beherrschen, können sie direkt mal unter Wasser bleiben und etwas tauchen.

Im tiefen Wasser

Hierfür gibt es 2 verschiedene Sprünge. Als Erstes sollte man den Kindern beibringen, dass sie so springen, dass sie nicht zu tief ins Wasser eintauchen. Man kann sie sogar lehren, dass sie beim Sprung den Kopf über Wasser behalten können. Man beginnt damit, die Beine und Arme beim Sprung so weit anzuwinkeln und auseinander zu halten, dass sie auf dem Wasser direkt abgebremst werden. Die Oberfläche, mit der sie auf das Wasser treffen, sollte so groß wie möglich sein. Am besten springt man kräftig nach vorne und beugt den Oberkörper dabei etwas nach vorn. Dadurch trifft man mit viel Fläche auf das Wasser. Es verhindert, dass wir weit unter Wasser sinken. Wenn man dabei auch noch die Hände flach vor sich hält und sie beim Auftreffen auf dem Wasser schnell nach außen bringt und das Wasser von sich wegdrückt, gelingt es, den Kopf dabei über Wasser zu halten.

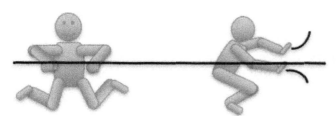

Das ist vor allem sinnvoll, wenn man in einer bestimmten Situation etwas nicht aus den Augen verlieren will. Zum Beispiel jemanden, der ins Wasser gefallen ist und nicht schwimmen kann. Und auch dann, wenn man nicht sehen kann, wie tief es da ist, wo man hineinspringt.

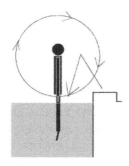

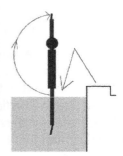

Der zweite Sprung ist gut, wenn man tief ins Wasser eintauchen will, um z. B. direkt vom Boden aufzutauchen. Dabei springt man so gerade wie möglich gestreckt ins Wasser. Nicht zu weit nach vorne springen, weil dann der Oberkörper etwas nach vorne fällt, wenn die Füße und Beine ins Wasser kommen. Die Arme hält man beim Sprung fest am Körper. Beim Absprung nutzt man die Arme, um nach vorne und hoch zu springen. Man schwingt sie dabei im Kreis, bis sie wieder bei den Beinen ankommen.

Am besten aber hält man die Arme gestreckt über dem Kopf. Auch dabei hilft uns der Armschwung. Da die Arme über Wasser mehr Gewicht haben, sorgen sie dafür, dass wir tiefer unter Wasser gleiten.

Die Arme setzt man erst wieder ein, wenn man unter Wasser zum Stillstand kommt. Dann kann man von dort aus eventuell noch tiefer tauchen oder unter Wasser schwimmen.

Der Kopfsprung

Vor diesem Sprung haben die meisten Kinder erst etwas Angst, deshalb sollte man ihn am besten in kleinen Schritten lernen. Anfangs sollten die Kinder auf dem Beckenrand sitzen und sich kopfüber ins Wasser gleiten lassen. Man kann ihnen dabei helfen, indem man sie – vom Wasser aus – an die Hand nimmt, beim Eintauchen kurz unter Wasser gehen lässt, sie aber dann direkt wieder über die Wasseroberfläche holt.

Wenn das Kind das alleine schafft, folgt der nächste Schritt.

Dabei soll es auf den Knien am Beckenrand Platz nehmen. Die Hände hält es gestreckt über dem Kopf und beugt sich vornüber Richtung Wasser. Nun sollte es mit den Händen versuchen, das Wasser zu erreichen. Wenn es sich weit genug nach vorne beugt, verlagert sich sein Schwerpunkt und es fällt vornüber ins Wasser. Wichtig ist, darauf zu achten, dass es die Hände so nahe wie möglich am Beckenrand ins Wasser eintaucht, sonst fällt es auf den Bauch.

Sobald dies funktioniert, kann das Kind es mal aus dem Stand versuchen.

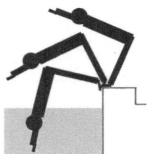

Dabei sollte es die Beine gestreckt halten. Im Rumpf muss es sich tief beugen bis zu einem Winkel von 90 Grad oder etwas mehr. Dann soll es in der Haltung steif bleiben und sich so ins Wasser fallen lassen. Sobald es dabei die Knie beugt, wird es mit dem Bauch auf die Wasseroberfläche fallen. Es muss also unbedingt im Winkel von 90 Grad bleiben. Im Wasser bleibt es so lange in der Haltung, bis der Oberkörper vollständig im Wasser ist. Erst dann darf es die Beine hinter dem Oberkörper her gleiten lassen und dadurch die Beugung in der Hüfte aufheben.

Beherrscht das Kind diese Übung, kann es noch einen Schritt weitergehen und zum Eintauchen ein Bein anheben.

Es nimmt zunächst die gleiche Ausgangsposition mit einem Winkel von 90 Grad ein, dann hebt es ein Bein gestreckt an, bis der Schwerpunkt so weit verlagert ist, das es von selbst vornüber ins Wasser fällt.

Jetzt geht es weiter mit dem Startsprung

Hierbei geht es darum, beim Eintauchen Tempo zu entwickeln, um so schnell wie möglich an ein Ziel zu gelangen, das weiter weg liegt. Man geht dazu leicht in die Hocke; das nennt man auch „halbe Hocke". Die Arme werden zum Schwung holen nach hinten und so hoch wie möglich gestreckt. Das ist die Ausgangsposition. Dann schwingt man die Arme während des Absprungs so schnell wie möglich nach vorne. Sobald sie horizontal zum Körper stehen, bremst man die Bewegung abrupt ab. Dadurch bekommen wir den Schwung vorwärts.

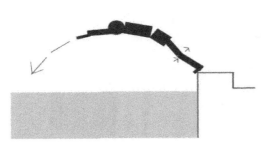

Anfangs wird man noch etwas tief ins Wasser eintauchen, weil man die Technik noch üben muss. Das ist aber eine gute Übung.

(siehe Zeichnung links)

Je häufiger man das übt, umso mehr Körperspannung baut man auf. Man streckt sich schneller und schafft es schon bald, ein wenig verkantet ins Wasser einzutauchen, ohne auf dem Bauch zu landen. Dies ist dann der Startsprung.

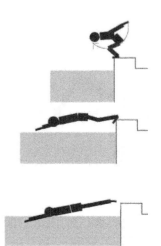

Diese Art des Eintauchens wird vor allem beim Wettkampfschwimmen angewendet.

Im Wasser macht man dann erst mal nur eine Kraulbewegung mit den Beinen, und zwar deshalb, weil man mit einer anderen Arm- oder Beinbewegung die schnelle Vorwärtsbewegung abbremsen würde. Erst wenn das Tempo abnimmt, soll man mit der Arm und Beinbewegung beginnen, mit der man weiterschwimmen möchte.

Wassertreten

1) Man richtet sich im Wasser auf und nimmt eine vertikale Position ein. Dann macht man die Beinbewegung vom Brustschwimmen. Dabei drückt man das Wasser nach unten Richtung Boden. Die Beinbewegung muss nicht sehr schnell gemacht werden. Vor allem das Einziehen der Beine muss langsam gemacht werden. Wenn man sie zu schnell macht, drücken die Oberschenkel das Wasser nach oben, und man zieht sich unter Wasser. Am Anfang kann man sich mit einer Handbewegung unterstützen. Man hält die Hände etwas seitlich flach auf dem Wasser und bewegt sie hin und her. Dabei verkantet man jedes Mal die Hand, sodass sie wie beim Wasserski das Wasser nach unten drückt. Wenn man die Beinbewegung beherrscht, hat man die Hände frei und kann zum Beispiel 2 Finger aus dem Wasser strecken, während man die Hand stillhält. So kann man im Wasser auf derselben Stelle bleiben, wenn man z. B. auf jemanden warten muss.

2) Eine Variante ist, dass man die Beine abwechselnd im Kreis bewegt, wobei man das Wasser mit den Fußsohlen etwas nach unten drückt. Der Rest ist gleich wie unter 1) beschrieben. So machen es meisten Sportler, die Wasserball spielen. Dazu muss man schon etwas Übung haben. Der Vorteil ist, das man sich mit einer kurzen und kräftigen Beinbewegung ziemlich hoch aus dem Wasser drücken kann. So ist es Wasserballern möglich, ihren Ball platzierter zu werfen.

Sicherheitsübungen

<u>Mit den Beinen voraus unter Wasser sinken lassen:</u>
Man beginnt wie beim Wassertreten, dann mit Armen und Beinen zugleich das Wasser nach unten Richtung Boden drücken.

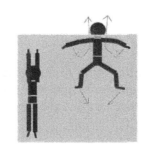

<u>Rückwärts ins Wasser fallen lassen:</u>
Rückwärts an den Beckenrand stellen, die Fersen ganz nah am Rand. Am besten sogar etwas darüber hinaus. Dann mit den Händen die Unterschenkel in der Nähe der Füße festhalten. Festhalten, bis das Gesäß im Wasser ist!
Dann in dieser Haltung rückwärts ins Wasser fallen lassen.
Diese Übung dient der Orientierung nach einem Sturz ins Wasser.

Entlasten des Körpers

Schwimmen ist gesund!

Bis ins hohe Alter kann man schwimmen. Dazu sollte man aber den Schwimmunterricht als ein schönes Erlebnis in Erinnerung haben. Wie kann man Freude am Wasser bekommen, wenn man beim Schwimmunterricht schlecht behandelt und unter Druck gesetzt wurde? Darum ist es so wichtig, dass der Schwimmunterricht so gestaltet wird, dass die Kinder mit Spaß zum Unterricht gehen. Auch wenn der Körper dann im Alter nicht mehr so fit ist, behalten sie die Freude an der Bewegung im Wasser. Durch den Druck des Wassers wird man nahezu schwerelos und kann die Muskeln in Bewegung halten, ohne die Gelenke zu überlasten. Viele Ärzte raten ihren älteren Patienten, sich mehr zu bewegen. Schwimmen ist hier die Nummer 1 unter den Sportarten. Es hält beweglich und erhöht die Kondition. Man sollte allerdings beachten, keine Bewegungen zu machen, bei denen die Gelenke überstreckt werden. Wenn man z. B. eine Knieprothese hat, sollte man die Beine nicht zu kräftig schließen. Den Nacken entlastet man am besten, indem man öfter auf dem Rücken schwimmt. Beim Schwimmen auf dem Bauch sollte man nach jeder Einatmung den Kopf zum Ausatmen ins Wasser legen, um den Rücken zu entspannen. Mit dem Kraulbeinschlag schont man den Körper am meisten.

Hören Sie auf Ihren Körper. Er gibt Ihnen ein Signal, wenn er zu sehr belastet wird. Und dann gehen Sie die Sache einfach etwas langsamer an.

Eigene Sicherheit

Nun ist die Basis gelegt für eine Ausbildung zum Schwimmer, der sich ohne Bedenken und voller Vertrauen im Wasser fortbewegen kann. Aber auch gute Schwimmer können in Gefahr geraten. Man sollte sich gut überlegen, in welchen Situationen schwimmen auch *sicher* ist.

Ein Fluss birgt beispielsweise viele Gefahren. Auch ein Baggerloch kann gefährlich werden. In der Ost- oder Nordsee lauern noch andere, größere Gefahren.

Es ist sehr wichtig, sich vorher gut zu informieren, ehe man dort schwimmen geht. Verbotsschilder sind unter allen Umständen zu beachten. Wichtig ist es auch, die Baderegeln einzuhalten.

Diese Regeln lauten wie folgt:

- Gehe nur zum Baden, wenn du dich wohl fühlst.
- Gehe niemals mit vollem oder ganz leerem Magen ins Wasser.
- Kühle dich ab und dusche, bevor du ins Wasser gehst.
- Gehe als Nichtschwimmer nur bis zum Bauch ins Wasser.
- Aufblasbare Schwimmhilfen bieten dir keine Sicherheit im Wasser.
- Rufe nie um Hilfe, wenn du nicht wirklich in Gefahr bist, aber hilf anderen, wenn sie Hilfe brauchen.
- Überschätze dich und deine Kraft nicht. Bade nicht dort, wo Schiffe und Boote fahren.
- Bei Gewitter ist Baden lebensgefährlich. Verlasse das Wasser sofort und suche ein festes Gebäude auf.
- Halte das Wasser und seine Umgebung sauber, wirf Abfälle in den Mülleimer.

Ehe man ein Kind zum Kindergeburtstag ins Schwimmbad mitgehen lässt, sollte es mindestens das Schwimmabzeichen in Bronze haben. Auch wenn die Eltern des Geburtstagskindes beteuern, dass sie gut aufpassen. Es ist schon schwer genug 1 Kind im Wasser gut zu beaufsichtigen. Eine Gruppe mit 6 oder sogar 10 Kindern in einem Schwimmbad mit anderen Besuchern zu beaufsichtigen, ist beinahe unmöglich.

Kinder sind schnell mal außer Sichtweite und können in Situationen geraten, die sie noch nicht beherrschen. Auch ein Kind mit „Seepferdchen" ist noch nicht allen Anforderungen gewachsen. Ein anderes Kind könnte mal unbeabsichtigt z. B. draufspringen usw.

Wenn ein Kind, das noch nicht gut schwimmen kann, ertrinkt, hört man es nicht.
Ein Bademeister bietet zwar etwas Sicherheit, aber auch er kann nicht alles sehen.

Erläuterung zur Vermittlung der Baderegeln bei Kindern

Beim Prüfungspunkt „Kenntnis der Baderegeln" kommt immer wieder die Frage auf, ob die Kinder die Regeln auswendig lernen müssen, oder wie die Kenntnis der Baderegeln bei Kindern, die noch nicht lesen können (oder anderen Personen) geprüft wird.

Kenntnis er Baderegeln bedeutet, dass die Baderegeln sinngemäß durch den Prüfling verstanden worden sind. Das Verständnis kann z. B. durch Nachfragen wie „Darf ich in einem Freibad oder See baden gehen, wenn es gewittert?" oder „Was sollten wir immer tun, bevor wir schwimmen gehen?" abgefragt werden. Hierzu können auch die Baderegeln im gemeinsamen Gespräch erarbeitet werden.

Das bloße Auswendiglernen und Aufsagen der Baderegeln ist nicht damit gemeint.

Weitere Angaben über die verschiedenen Schwimmabzeichen und Ausbildungen siehe:
http://www.dsv.de/fitness-gesundheit/schwimmabzeichen/deutscher-jugendschwimmpass/

Im Schwimmbad liegt die Hauptverantwortung bei den Eltern!

Einmal unter Wasser ergibt ein Kind sich seinem Schicksal. Es gerät in eine Schockstarre und geht lautlos unter. Es kann passieren, dass im untiefen Wasser kurz hinter Ihnen ein Kind ertrinkt, ohne dass Sie etwas bemerken. Ich habe so etwas schon einmal mit einem Kind von 6 Jahren erlebt und möchte nicht, dass Sie so eine Erfahrung auch machen müssen. Das Kind konnte nicht schwimmen und hatte es geschafft, sich ohne Schwimmhilfen an mehreren Aufsichtspersonen vorbei ins Tiefwasser-Becken zu begeben. Es wollte nur einen Ball holen, den einer seiner jüngeren Brüder dort reingetreten hatte. Das Kind war (in einem Schwimmbad mit 30 Grad warmen Wasser) maximal 3 Minuten unter Wasser. Die direkt danach eingeleitete professionelle Wiederbelebung blieb leider ohne Erfolg. Solche Unfälle passieren leider immer wieder.

Ich will Ihnen damit keine Angst machen, aber zur Vorsicht mahnen.

Allgemeine Schwimmabzeichen

Seepferdchen:

- Sprung vom Beckenrand mit anschließendem 25 m schwimmen
  in Bauch- oder Rückenlage (hierbei während des Schwimmens in Bauchlage erkennbar ins Wasser
  ausatmen)
- Heraufholen eines Gegenstandes mit den Händen aus schultertiefem Wasser (schultertief gilt bezogen auf den Prüfling)
- Kenntnis der Baderegeln

Deutsches Jugendschwimmabzeichen

- Kopfsprung vom Beckenrand und 15 Minuten schwimmen; in dieser Zeit sind mindestens
  200 m zurückzulegen, davon 150 m in Bauch- oder Rückenlage in erkennbarer Schwimmart
  und 50 m in der anderen Körperlage (Wechsel der Körperlage während des Schwimmens auf der
  Schwimmbahn ohne festhalten)
- einmal ca. 2 m tief tauchen von der Wasseroberfläche mit
  Heraufholen eines kleinen Gegenstandes (z. B. kleiner Tauchring)
- ein Paketsprung vom Startblock oder 1 Meter-Brett
- Kenntnis der Baderegeln

S-Bewegung bei der Kraularmbewegung

 Bei der Kraularmbewegung hatte ich versprochen, etwas über die S-Bewegung zu erzählen. Diese ist meiner Meinung nach für Hobbyschwimmer die beste Methode.
Wenn man das Wasser mit der Hand gerade nach hinten drückt, verliert man im Laufe der Bewegung immer mehr Druck auf das Wasser. Das geschieht, weil man eine Säule von Wasser über der Hand aufbaut, das nachfolgende Wasser in Bewegung kommt und teilweise an der Hand vorbei gleitet. Wenn man die Bewegung in einer S-Form ausführt, setzt man die Hand immer auf das noch still stehende Wasser, wodurch der Druck und damit der Vortrieb besser ist. Dabei sollte man das S nicht so groß machen, dass man sich zur Seite drückt.

Noch ein paar Tipps

Wie versprochen, werde ich noch ein paar Dinge erklären, die zur Sicherheit Ihrer Kinder beitragen. Manche gutgemeinten Geschenke können Kinder in Gefahr bringen, wenn sie nicht gelernt haben, damit richtig umzugehen. Gerade **Taucherbrillen** und **Schnorchel** wollen die Kinder schon recht bald haben.

Es kann aber passieren, dass sie sich damit verschlucken und Wasser in ihre Lungen eindringt. Dadurch kann wiederum Wasserangst entstehen. Und das wollen wir alle nicht.

Das Schnorcheln

Es ist nicht einfach, das Schnorcheln zu lernen. Diese Technik lernt man am besten unter Anleitung einer erfahrenen Person. Eine Taucherbrille sollte gut sitzen. Sie sollte ohne das Befestigungsband auf das Gesicht gehalten werden, dann mit der Nase Luft ansaugen, und dann sollte die Brille am Gesicht haften, auch wenn man sie loslässt. Eine Brille, die dann runterfällt, passt nicht und ist unter Wasser undicht. Für jüngere Kinder, bis etwa 10 Jahre, gibt es dünnere Schnorchel. Ältere Kinder können die von Erwachsenen verwenden.

Das Atmen durch einen Schnorchel erfordert viel Übung. Man sollte erst mal über Wasser das Ein- und Ausatmen üben. Ruhig einatmen und dann mit einem kräftigen Stoß ausatmen. Durch das kräftige Ausatmen wird eingedrungenes Wasser aus dem Schnorchel entfernt (rausgepustet), ehe man den nächsten Atemzug nimmt. Der Atemzug muss so bedachtsam sein, dass man das noch im Schnorchel verbliebene Restwasser nicht in die Lunge zieht.

Kräftig Ausatmen! Luft

Das Ausblasen des Wassers übt man dadurch, dass man etwas Wasser in den Schnorchel laufen lässt, das Mundstück in den Mund nimmt und dann so kräftig bläst, dass das Wasser oben aus dem Schnorchel kommt. Danach wird vorsichtig eingeatmet, um zu testen, ob genug Wasser entfernt wurde, damit man wieder einatmen kann.

Funktioniert das gut, kann man versuchen so zu atmen, während man auf dem Bauch treibt. Das übt man mit und ohne Tauchbrille. Mit Brille führt man den Schnorchel zwischen Kopf und dem Riemen der Brille hindurch am Ohr vorbei.

Beim Schwimmen gelangt immer wieder Wasser in die Öffnung des Schnorchels. Darum muss man jedes Mal kräftig auspusten. Man kann mit dem Schnorchel auch ganz abtauchen. Dabei läuft der Schnorchel natürlich ganz voll Wasser. Das ist nicht schlimm, wenn man den Atem anhält, bis man wieder aufgetaucht ist. Sobald man wieder an der Oberfläche ist und der Schnorchel aus dem

Wasser ragt, muss man wieder kräftig auspusten, bevor man einatmen kann.
Dazu darf man unter Wasser nicht alles ausatmen. Man braucht schließlich eine Reserve, um den Schnorchel leer zu pusten. Dann braucht man nicht erst mit dem Gesicht aus dem Wasser zu kommen, um einzuatmen. Man müsste ja sonst erst den Schnorchel aus dem Mund nehmen.

Wenn man regelmäßig abtauchen möchte, um Fische aus der Nähe zu beobachten, sollte man über einen Tauchgurt mit Blei nachdenken. Mit so einem Gürtel wird der Auftrieb reduziert, und man kann mit etwas mehr Atem in den Lungen länger unter Wasser bleiben. Man muss dann allerdings kräftiger nach oben schwimmen, um wieder aufzutauchen. Am Anfang also nicht zu viel Gewicht an den Gürtel hängen! Am besten lässt man sich vom Fachmann beim Kauf beraten, wie viel Gewicht man entsprechend Körpergröße und -gewicht benötigt.

Es gibt viele verschiedene Tauchmasken und Schnorchel, schon deshalb empfehle ich eine fachmännische Beratung bei der Anschaffung.

Auf keinen Fall sollte man Schnorchel mit irgendwelchen Bällchen drin kaufen. Die können für Anfänger gefährlich werden. Besser ist, man übt zuerst mit einem einfachen Schnorchel, wie oben abgebildet. Er darf auch etwas gebogen sein, braucht aber keine komplizierte Technik zu haben. Später kann man sich dann nach etwas Hochwertigem umsehen.
Ich selbst schnorchle noch immer mit einem einfachen.

Es gibt heutzutage auch Gesichtsmasken mit eingebautem Schnorchel. Damit wird das gesamte Gesicht bedeckt. Der Schnorchel befindet sich dann vorne in der Mitte über dem Kopf.

Ich habe so eine Maske getestet. Sie funktioniert wirklich. Der Nachteil ist, dass die Maske sich natürlich erst vollständig mit Luft füllen muss, ehe die Luft in meine Atemwege geht. Dadurch hatte ich das Gefühl, dass ich weniger Frischluft bekomme als mit einem Schnorchel. Auch hatte ich den Eindruck, dass das Atmen dadurch etwas schwerer war als durch den Schnorchel. Ich habe diese Maske deshalb wieder abgegeben.

Eine gute Übung für Anfänger: Eine Taucherbrille unter Wasser leerblasen.
Und das geht folgendermaßen: Man legt die Brille in brusttiefem Wasser auf den Boden, taucht unter, nimmt die Brille, setzt sich am besten unter Wasser hin, guckt auf jeden Fall gerade aus, setzt sich die Brille auf, hält sie in Stirnhöhe fest und bläst kräftig durch die Nase. Dabei sollte das Wasser nach unten aus der Brille strömen und die Brille sich mit Luft füllen.
Dann kann man den Riemen um den Kopf legen. Das sollte man bei tieferen Tauchgängen beherrschen.

Wenn die Brille unter Wasser einmal vollläuft, kann man sie auf diese Weise wieder leerblasen. Viel Spaß beim Üben!

Schwimmen mit Behinderung

Viele Menschen denken, dass für Kinder mit bestimmten Behinderungen vieles nicht zu realisieren ist. Aber gerade das Wasser ist ein Element, in dem viele Kinder mit Behinderungen sich sehr wohl fühlen. Ob es sich um psychische oder physische Behinderungen handelt, unter beiden Einflüssen genießen die Kinder den Aufenthalt im Wasser und sie haben mehr Möglichkeiten, sich darin fortzubewegen, als wir glauben.

Ich habe nicht nur Kinder mit Downsyndrom und einem IQ von 25 das Schwimmen gelehrt, sondern auch Autisten, von denen man dachte, dass sie es nie lernen würden. Dazu braucht man allerdings viel Geduld und Einfühlungsvermögen.

Auch Kinder mit körperlichen Behinderungen kann man meistens beibringen, sich im Wasser fortzubewegen und sich selbst zu retten, wenn sie versehentlich ins Wasser fallen.

Alleine die Dankbarkeit und Freude, die diese Kinder mir gegenüber gezeigt haben, war es wert, ihnen etwas beizubringen, an dem sie sich ihr Leben lang erfreuen. Ich bin noch immer glücklich, wenn ich an das Lächeln in ihren Gesichtern, das sie mir geschenkt haben, zurückdenke, wenn sie mal wieder eine Hürde erfolgreich genommen hatten.

Ich hatte in brusttiefem Wasser einem **spastischen Kind** (9 J.) das normalerweise im Rollstuhl saß, das Laufen beigebracht. Die Eigenschaft des Wassers sorgte dafür, dass es nicht direkt umfiel. Der Gegendruck des Wassers gab ihm Zeit, die Bewegungen zu koordinieren, ohne das Gleichgewicht zu verlieren. Dadurch, dass es seinen Kopf einsetzen konnte, um das Gleichgewicht zu finden, war es ihm möglich, nach einiger Übung ohne meine Hilfe im Wasser zu gehen. Als das Kind zum ersten Mal fast 6 Meter alleine durchs Wasser gelaufen war, rief es überglücklich: „Ich kann laufen!" Es war für das Kind ein kleines Wunder und für mich ein Moment, den ich nie vergessen werde. Es hat mich motiviert weiterzumachen. Das Kind fühlte sich im Wasser pudelwohl. Es lernte schnell, sich mit dem Kopf unter Wasser auf dem Bauch fortzubewegen. Zum Atmen drehte es sich dann auf den Rücken. Auch so bewegte es sich paddelnd voran.
Um sich am Beckenrand festhalten zu können, drehte es sich kurz vor der Kante wieder auf den Bauch. Auch ließ das Kind sich mit etwas Übung vom Beckenrand aus ins Wasser fallen. Ich denke, wenn es mit dem Rollstuhl ins Wasser fallen würde, wäre es sicher in der Lage, sich selbst in Sicherheit zu bringen. Dies und die Freude, die dieses Kind im Wasser hat, sind äußerst wertvoll und mit nichts aufzuwiegen.

Kinder mit **Glasknochenkrankheit** fühlen sich im Wasser rasch wohl. In diesem Element erleiden sie nicht so schnell einen Bruch wie mit festem Boden unter den Füßen. Sie können sich im Wasser wesentlich freier bewegen und fühlen sich darin wie alle anderen, gesunden Kinder.

Der Schwimmlehrer (wenn ich Lehrer sage, meine ich auch Lehrer**in**) sollte sich erst mal vertraut machen, wie man einem solchen Kind Hilfestellung geben kann, ohne es zu verletzen. Dafür sollte man sich durch die Eltern anleiten lassen. Am besten lässt man das Kind so viel wie möglich selbst machen, ohne es körperlich zu unterstützen. Man bespricht mit dem Kind, dass es selbst die Initiative ergreift, sich am Lehrer festzuhalten, falls es nötig ist. Keinesfalls sollte man das Kind aus dem Wasser heben, weil dann die Kraft des Wassers fehlt und dadurch mehr Gewicht auf den Knochen lastet.
Wenn das Kind mal hochgehoben werden muss, unterstützt man es am besten mit einer Hand unter dem Gesäß und mit der anderen Hand am Rücken, als Stütze für den Rücken, als ob es auf einem Stuhl säße. Am besten lässt man das Kind selbst Platz nehmen. Beim Absetzen in den Rollstuhl nimmt man die Hände vorsichtig wieder weg. Die Kinder können gut selbst sagen, wie es für sie am angenehmsten ist.

Sie können sich auch sitzend auf dem Rand kopfüber ins Wasser fallen lassen. Dabei ist wichtig, dass sie keinen Bauchklatscher machen, denn dadurch könnten Rippen brechen. Hier ist am Anfang etwas Unterstützung gefordert. Das aber nur ganz vorsichtig.

Kindern mit **Behinderungen der Beine, Polio, Spina Bifida usw.** sollten die Schwimmbewegungen so weit wie möglich beigebracht werden wie gesunden Kindern. Wenn ein Bein sich nicht richtig bewegen kann, wird man die Kraft im gegenüberliegenden Arm erhöhen, um das auszugleichen. Manchmal sind anfangs öfter Schwimmhilfen für die Arme erforderlich. Oft sind diese Kinder zu Beginn verunsichert, und es dauert ein wenig länger, bis sie das Vertrauen gefunden haben, dass auch sie sich im Wasser frei bewegen können. Wenn sie aber das Schwimmen erlernt haben, fühlen sie sich den gesunden Kindern gleichgestellt.

Grundsätzlich ist das Wasser ein Element, in dem sich die meisten Menschen wohl fühlen, und es liefert einen sehr wertvollen Beitrag bei der Integration von Menschen mit Behinderungen.

Mein Appell an die Schwimmvereine: Macht es möglich! Es funktioniert! Nehmt euch einen Extra-Helfer und setzt in jede Gruppe von 10 Kindern 2 Kinder mit Behinderungen. Ihr werdet euch wundern, wie schnell die Kinder ohne Behinderung lernen, zusammenzuarbeiten und die behinderten Kinder zu unterstützen. Hier sieht man am deutlichsten, was Integration wirklich bedeutet. Die Kinder machen es uns Erwachsenen vor.

Allgemeines

Ich kann in diesem Ratgeber natürlich nicht alle möglichen Behinderungen beschreiben, mit denen man das Schwimmen lernen kann. Es ist dennoch unabhängig von der Art einer Behinderung die Mühe wert, es auszuprobieren. Viele Kinder, die vielleicht nicht in der Lage sind, Schwimmen zu lernen, fühlen sich im warmen Wasser sehr wohl.
Sie genießen es und können sich darin gut entspannen. Man sollte dann auch schon früh damit, beginnen diese Kinder ans Wasser zu gewöhnen.

VORSICHT: Kinder mit körperlichen Behinderungen, bei denen manche Gliedmaßen unterentwickelt sind, kühlen auch im 30 Grad warmen Wasser schneller ab. Wenn sie blaue Lippen bekommen, müssen sie aus dem Wasser und erst wieder auf Temperatur kommen, ehe sie zurück ins Wasser dürfen. Zu lange im Wasser zu verbleiben, kann zu Unterkühlungen führen und dies wiederum zu Erkrankungen, wie beispielsweise einer Lungenentzündung u. ä.

Kinder mit Verhaltensstörungen

Ich selbst habe **ADHS**. Auch wenn man meint, dass es bei Erwachsenen weggehen würde, bin ich nicht davon überzeugt. Jetzt bin ich 70 und habe es noch immer. Aber die Selbst-Kontrolle bessert sich. Das „H" hat sich bei mir einigermaßen gelegt. Vor allem, was das Körperliche betrifft. Aber im Kopf hat sich mittels Aufnahmefähigkeit und Tempo der Informationsverarbeitung nicht so viel verändert.

In meiner Jugend habe ich darunter gelitten. Durch Lebenserfahrung lernte ich, damit umzugehen. Im Laufe des Lebens habe ich viele positive Eigenschaften des ADHS kennen gelernt, und heute sehe ich es als einen Segen, dass ich es habe.

Ich glaube, dass ich gerade durch ADHS das nötige Einfühlungsvermögen habe, um Kinder mit Verhaltensstörungen zu begreifen und den richtigen Weg zu finden, ihnen Schwimmen beizubringen. Ich verstehe ihre Probleme und kann ihnen helfen, Wege zu finden, um auch im Alltag besser zurechtzukommen. Dabei ist mir wichtig, dass sie ihr Selbstvertrauen behalten oder – falls nötig – dieses wiederfinden. Eine gute Beobachtungsgabe und die Fähigkeit, mich in sie hineinversetzen zu können, hilft mir, die Methode zu finden, mit der sie am besten lernen.

Ganz einfach gesprochen sind nicht die Kinder dumm oder blöde, wenn sie Schwierigkeiten haben, sondern ich, wenn ich nicht in der Lage bin, eine Lösung zu finden, um ihnen zu helfen.

Außerdem weiß man, dass viele Kinder mit ADHS überdurchschnittlich intelligent sind. Sie machen nichts falsch, so lange sie lernen.

Lob und Anerkennung sind die beste Motivation! Ein guter Lehrer sucht die Fehler bei sich selbst. Was mache ich falsch, wenn das Kind nicht begreift, was es wie tun soll? Was muss ich an meiner Methode verändern, damit mich das Kind versteht? Geduld ist ebenfalls ein wichtiger Faktor. Jedes Kind ist anders und lernt anders. Dadurch wird für mich der Unterricht auch nie langweilig. Kinder mit ADHS haben viele positive Eigenschaften. Das, was sie beherrschen oder schon gut können, muss ausdrücklich gelobt werden.

Wenn sie z. B. den Brustkraul gut können, sollte man sie ermuntern, diesen Schwimmstil wiederholt zu zeigen, weil sie ihn so gut beherrschen. Es erhöht den Selbstwert der Kinder, die schon oft enttäuscht worden sind.
Wenn sie es dann auch noch anderen Kindern vorführen dürfen, sind sie besonders stolz.
Kinder mit ADHS leiden unter einem Mangel an Dopamin, der bekanntlich unser Glücksempfinden fördert. Durch viel Lob und Anerkennung können wir das ein kleines bisschen ersetzen.

Ob eine Verhaltensstörung vorliegt oder nicht: Es gibt Kinder, die rasch lernen, während andere mehr Zeit benötigen, z. B. weil sie eine andere Denkweise haben. Wir neigen jedoch dazu, davon auszugehen, dass Kinder genau wie wir sind und ebenso lernen sollten. Genau das ist häufig das Problem, warum Erwachsene den Kindern ihren Selbstwert rauben. Wenn sie anders sind, ein bisschen speziell sind, müssen dann oft Tabletten her, um sie wieder auf den „richtigen" Weg zu bringen. Aber: Hilft das wirklich?

Lernen durch Fehler ist meines Erachtens die bessere Alternative zu irgendwelchen Drogen. Ich selbst habe nie Medikamente gegen ADHS genommen. Es wird Fälle geben, wo sie wirklich nötig sind, aber da ich kein Arzt bin, kann ich das nicht beurteilen. Ich habe aber den Eindruck, dass die diversen Medikamente manchmal vorschnell verschrieben werden. Das Einzige, was ich gegen ADHS nehme, sind OMEGA 3 Kapseln. Seitdem ich sie nehme, habe ich das Gefühl, dass ich viel ausgeglichener bin. Die Wirkung habe ich aber erst nach mehreren Monaten täglicher Einnahme gespürt.

Man sollte sich bewusst machen, dass es sehr viele verschiedene Wege gibt, um ein Ziel zu erreichen. Wenn jemand nicht schwimmen kann, wird er um das Wasser, das ihm im Weg ist, herumlaufen müssen, um ans Ziel zu gelangen. Ist das ein Weltuntergang? Gewiss nicht.

Wie wäre es, wenn wir das Kind einfach auf seinem eigenen Weg begleiten und unterstützen?
Jedes Kind braucht Struktur und Klarheit!

Für Kinder mit Verhaltensstörungen – wie auch für manche Formen von Autismus und ADHS – ist es besonders wichtig, das man darauf achtet. Beim Unterricht sollte man mit einer kurzen Wiederholung des schon Gelernten starten. Dadurch kann sich das Kind wieder auf die Situation, den Schwimmunterricht, einstellen. Die Vorbereitung auf neue Situationen helfen zu verhindern, dass gleich am Anfang der nächsten Stunde erneut Unsicherheit oder Panik auftreten.

Und am Ende jeder Stunde sollte man den Kindern schon ankündigen, was man in der nächsten Stunde machen möchte.

Kurz vor dem Schwimmunterricht sollte das Kind Gelegenheit haben, etwas zur Ruhe zu kommen. Es ist nicht gut, wenn die Kinder vom Judokursus ganz schnell zur Schwimmstunde müssen. Diese Hektik sollte man auf jeden Fall vermeiden. Erzählen sie dem Kind rechtzeitig, dass es zum Schwimmunterricht muss. Kalender mit Piktogrammen sind eine wirksame Unterstützung. Bestimmte Rituale, wie das schon zeitige Packen der Schwimmtasche, können dafür sorgen, dass weniger Stress entsteht.

Versuchen Sie mal, sich in ein Kind zu versetzen, das so viele Signale aus der Umgebung auffängt und alle gleichzeitig verarbeiten möchte. Die Kinder mit ADHS sind nicht unaufmerksam, sie haben nur das Problem dass sie aus allen Eindrücken, die sie bekommen, nicht gut filtern können, was am wichtigsten ist. Sie finden alles gleichwichtig, womit sie überfordert sind, und werden deswegen oft als unaufmerksam abgestempelt.

Das ist unfair. Denn sie sind sogar sehr motiviert, alles richtig zu machen. Es ist dann auch nicht so, dass das Kind nicht will, sondern dass es einfach nicht kann. Wird es jedes Mal dafür gerügt, verliert es alsbald sein Selbstwertgefühl. Es will verstanden werden und braucht Unterstützung, um das Filtern der zahllosen Eindrücke zu lernen.

Durch die vielen Strafen und negativen Kommentare in meiner Jugend habe ich bis zum 28. Lebensjahr geglaubt, dass ich nichts kann, dass ich blöd bin und unfähig zu lernen. Erst als ich eine Umschulung gemacht habe, die vor allem mündlich ablief, und ich einen Lehrer hatte, der sich die Mühe machte, auch etwas zweimal zu erklären, stellte ich fest, das ich doch lernen kann. Ich habe dann ein Diplom nach dem anderen gemacht und bis heute nicht mehr aufgehört zu lernen. Obendrein auch noch auf verschiedenen Fachgebieten. Vom Autoschlosser über den Fahrlehrer bis hin zum Sportlehrer! Zusätzlich habe ich mich im Selbststudium noch weitergebildet in Psychologie und Recht. Ich arbeite viel mit dem Computer und kenne auch dessen Technik. Man könnte sagen: Ich bin ein sehr kreativer Autodidakt.

Vielleicht schreibe ich mein nächstes Buch über ADHS …

Bis dahin kann ich allen Lesern raten, ein Buch zu lesen, das mir sehr geholfen hat, mich neu zu entdecken. Es heißt: **„Zwanghaft zerstreut"** und geschrieben haben es Edward Hallowell und John Ratey, zwei Psychiater die selbst ADHS haben und Menschen mit ADHS behandeln.

Es wird Ihnen helfen, besser zu begreifen, wie Menschen mit ADHS denken, und warum sie ein bisschen speziell sind. Ich liebe diese *speziellen* Menschen. Ich freue mich immer, wenn ich mit ihnen arbeiten darf. Es ist viel interessanter als mit all den wahnsinnig normalen.

Buchtipp:

Zwanghaft zerstreut

Edward Hallowell und John Ratey
Rowohlt Taschenbuch

Noch Fragen?

Vielleicht finden Sie hier: https://www.hans-schwimmmeister.de/tipps.html schon Antworten.

Falls nicht,

dürfen Sie mir Ihre Fragen zum Thema gerne auch per Mail stellen.

Kontaktmöglichkeit über meine Website:

www.hans-schwimmmeister.de

Auf Kritik antworte ich nicht.

Ich werde sie mir aber zu Herzen nehmen und prüfen,

wo ich etwas verändern muss.

Ich bin ja noch jung und bereit, zu lernen.